「子ども域」の人類学

バングラデシュ農村社会の子どもたち

南出和余 著

昭和堂

「子ども域」の人類学
——バングラデシュ農村社会の子どもたち——

目次

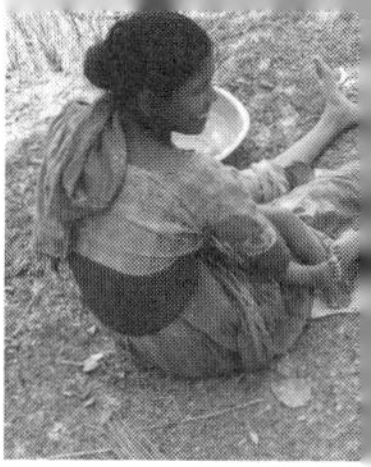

●目　次

付録DVD映像作品（巻末に添付）

収録作品名　Circumcision in Transition（『割礼の変容―バングラデシュ農村社会の男子割礼―』）

南出和余、二〇一四（二〇〇五）、二七分、ベンガル語（英語・日本語字幕）

＊本DVDの再生には家庭用DVDプレイヤーをご利用ください。パソコンによる再生はサポートしておりません。収録された映像は著作権法により保護されていますので、無断複製や私的利用の範囲を超える利用は法律違反となります。

凡　例

1　ベンガル語のローマ字表記は東京外国語大学アジア・アフリカ研究所のウェブサイト http://www.aa. tufs.ac.jp/i-moji/tenji/nakama/bng_syl.pdf　を参考に、筆者作成の下記一覧に基づいて記述する。

2　初出時にのみローマ字表記を記述し、2度目からはカタカナ表記のみにする。

3　カタカナ表記は現地の発音を重視する。

4　人物名には一部本人の意向に準ずるものを除き、仮名をあてカタカナ表記とする。

5　調査地の行政区以下の地名も仮名とし、アルファベットの大文字で記す。

6　年代はすべて西暦で記す。

ベンガル語ローマ字表記

子音

ক	k	ত	t	শ	sh
খ	kh	থ	th	ষ	sh
গ	g	দ	d	স	s
ঘ	gh	ধ	dh	হ	h
ঙ	n	ন	n	ড়	r
চ	c	প	p	ঢ়	rh
ছ	ch	ফ	ph	ক্ষ	ks
জ	j	ব	b		
ঝ	jh	ভ	bh		
ঞ	n	ম	m		
ট	t	য	j		
ঠ	th	য়	y		
ড	d	র	r		
ঢ	dh	ল	l		
ণ	n				

母音

অ	a
আ া	a
ই ি	i
ঈ ী	i
উ ু	u
ঊ ূ	u
এ ে	e
ঐ ৈ	ai
ও ো	o
ঔ ৌ	au
ং	m
ঃ	長音

初出論文一覧

第1章および第2章
「『ブジナイ』からみる『子ども域』―バングラデシュ農村社会における『子ども』の日常―」『南アジア研究』二〇号、五三―七六頁、二〇〇八年、を改訂。

第3章　「バングラデシュ農村社会における遊び集団の機能」『子ども社会研究』一五号、一七五―二〇〇頁、二〇〇九年、を改訂。

第5章　'Children Going to Schools: School-Choice in a Bangladeshi Village,' *Journal of the Japanese Association for South Asian Studies*（『南アジア研究』）," Vol.17, pp.174-200, 2005' を改訂。

扉写真キャプション一覧

カバー表　プナイたち（パピア六歳）
プロローグ　バリの庭先で遊ぶプナイたち（右から三番目がパピア）
同（窓写真）　母親に体を洗ってもらうパピア
序　章　バングラデシュ農村の風景――N集落への道
第1章　池の畔で遊ぶ子どもたち―枯れ木は大きなアスレチック
第2章　刈り入れを終えた藁の上でおとなも子どもも日向ぼっこ
第3章　授業開始前に校庭で遊ぶ子どもたち―目隠し鬼遊び
第4章　朝のコーラン学校
第5章　学校で学年末試験に挑む子どもたち
終　章　菜の花畑のなか通学する子どもたち（右端がパピア）
エピローグ（窓写真）　パピア小学五年生
同　末　婚家で料理をするパピア
補　講　撮影した映像を小さなカメラモニターで皆で観る
カバー裏　パピア結婚そして出産

プロローグ

二〇〇三年一月四日

米の刈り入れを終えた集落の風景は、あたり一面に広げられた藁でいっぱいになる。ふかふかに敷き詰められた藁の上では「プナイ（*punai*：子ども）」たちが遊び、わいわい騒ぐ。村人が筆者の「ショイ（*soi*）」と位置づけた五歳の女子パピア（前頁写真右から三番目）も、家の前に敷かれた藁の上で他のプナイたちと一緒に遊んでいる。ショイとは、固有の親友関係を結んだ特定の友人を意味する。女子の場合は「ショイ」、男子の場合は「ドゥスト（*dost*）」と呼ばれる。ショイやドゥストはとくに仲の良い友人との間で双方の同意によって結ばれるが、誰もが必ずショイやドゥストをもつわけではない。ショイやドゥストになれば、互いの結婚式などにはきょうだいと同等な立場で参加する。村人たちは、調査開始時から筆者が親しくしていたパピアを、年齢差にもかかわらず友人のようにふるまうことから、半ば冗談でショイと位置づけた。

輪のなかにいる子どもたちは、二人を除いて、みな三歳から六歳で、就学前か、あるいは近くの小学校に併設された幼児科に通っている。彼らの家はそれぞれ目と鼻の先の距離にある。これだけの人数が揃って一緒に遊ぶことは稀であるが、誰もがいつも三、四人で自然と集まって遊ぶ仲間たちだ。このなかではパピアはちょっとしたリーダー格で、遊びを指揮することもある。あるとき、パピアが他のプナイたちに対して、「わたしはボロ（大きい）プナイだからね……」といって、ままごと遊びの役割分担を指示した。しかし、彼らの遊びには明確なルールはなく、それぞれが勝手気ままに遊んでいるので、みながパピアに従うわけではない。

今日はこれだけ多くが一緒に集まって遊んでいるのには理由がある。パピアの姉パプリ（九歳、小学三年生）ともう一人の小学生男子が、学校から帰ってきてプナイ相手に遊んでいるのだ。当然、集団のリーダー格は年上の二人に譲られる。年上のお姉さんお兄さんが遊んでくれるときが、プナイたちが規則遊びを習う絶好の機会だ。今日は、円になって「バグ　オ　サゴル（*bagh o chagol*：トラとヤギ）」の遊びをしている。プナイたちはほとんどルールを理解していないが、お姉さんお兄さんに遊んでもらうときは楽しい。一方の小学生二人は、普段は同年齢の子どもたちと遊んでいるが、同年齢の遊び相手が得られないときには、こうしてプナイ相手に暇を解消する。

プナイたちの行動範囲は非常に限られている。母親にいつも密着している乳児期の生活からは脱し、子ども同士の接触や遊び行動をとるようになるが、母の目の届く範囲を脱することはない。今日も、パピアが遊ぶ姿を母が農作業をしながら横目にながめている（写真右で立っている女性がパピアの母）。

「子ども」とは誰か。バングラデシュの村で筆者が出会った「子ども」とは、この写真に映し出されているような人びとである。すなわち、子ども同士の関係をもち、村落内で遊ぶ姿を頻繁に目にする。子どもた

ちが子ども同士で気ままに遊ぶ姿は当該地域の光景には欠かせない。ときには家で手伝いを命じられたり、学校に行くことを義務づけられたりもするが、常に労働に従事している一部の子どもを除いては、とくに確固とした役割や将来的な期待にはまだ組み込まれていない。また、社会の規範から外れた行為をしたとしても、「まだわからない（ブジナイ）、子どもだから、仕方がない」といって、たいていのことは許してもらえる。筆者の目に映る「子ども」とは、そのような存在であった。

これが意味するところは、「子ども」とは、成長過程にある一定の年齢層を意味すると同時に、当該社会における立場や位置づけによって区別される層であるということである。「子ども」は、おとなたちが、おとなから区別する際に用いるある要素によって捉えられる存在であり、「子ども」の定義は、社会の、ことにおとなのまなざしや接し方から浮かび上がってくる。そうしたおとなのまなざしのもとで子どもたちがいかに生きているか、本書はそうした関心から出発する。

序章　「子ども域」という視点

第1節　子どもの変化と多様性

本書では、バングラデシュ農村社会で暮らす子どもたちに関する民族誌的記述を通して、日常を生きる子どもの主体と彼らをとりまく地域社会の「子ども」[1]へのまなざしが交錯する視点から、子どもと社会の関わりについて検討する。

「子ども」とは往々にして、おとなとの相対によってひとくくりに捉えられ、「子どもらしさ」の言説や「今どきの子ども」といった語り口のなかで定形化されて解釈されがちである。しかし、子どもたちを社会で生きる行為者としてみた場合、当然ながらそこには一人ひとりの多様性や段階的な変化がみてとれる。そして、成長とともに日々変化するその行為は、彼らが生きる社会（おとな社会）となんらかの接点や繋がりをもっていることがわかる。筆者は子どもの多様性と変化のプロセスにこそ、子どもと社会の関わりをみてとれるものと考えている。そしてその関わりは、その時代その社会の影響を色濃く帯びるものである。

どのような社会でも人間は一生という時間軸のなかで、ある一定の未成熟な時期と、その時期に対する認識をもつ。バングラデシュ農村社会の場合、人びとは生まれてから二歳半頃まで母親の母乳に親しみ、その後、二足歩行が安定しだすと、それまでの母親との密な関係から徐々に行動範囲や他者との交わりを広げ、家族や友人、親族、地域住民との関係を築いていく。そして一四、一五歳にもなれば、女子であれば結婚を迎える者もあり、男子も経済活動に従事するようになる。この頃には、男女ともに社会における確かな役割や立場に組み込まれるようになり、もはやプロローグで述べたような「わからないから仕方がない」といった猶予は許されなくなる。この二歳半から一四、一五歳頃までの約一〇年の期間は、身体的な成長とともに、おとなや子ども同士、あるいは社会との絶え間なく広がる新たな関係を築く「人生の激動期」であるといえよう。

さらに近年では、彼らは学校に通うことによって、社会との新しい関係のあり方をもつようになった。バングラデシュで興味深いのは、初等教育機関に、政府運営による公立学校、授業料を納めるいわゆる私立学校、NGOの運営によるノンフォーマル学校、さらにイスラームのマドラサと、性格が違ういくつかの学校が同時に普及したことである。どの学校に通うかという人生の初期段階において、子どもたちの間にはすでに社会との関わり方に差異が生じている。

人生の初期段階において直面するこうしたさまざまな関係、それにともなう行動規範を、子どもたちはどのように内面化しているのだろうか。従来の研究では、子どもが習得すべき関係性や規範は、子どもにとっては受動的なものと捉えられがちであった。さらに、習得の過程よりむしろ関係や規範そのものに関心をよせてきた人類学では、それらが未だ確立されていない子どもに注目すること自体が少なかったといえる。しかし、人が社会と交わり、その一員となる過程において、人は常にそこに生きる行為者である。子ども期はその初期段階であり、子どもたちを行為者として捉え、彼らが他者との営みのなかでどのように関係を築き、その相互行為のなかに規範や文化がいかに立ちあらわれるかを明らかにすることは、社会全体の関係のあり方を考えることとも大いに関係する。

また一方で、おとなとの関係なくして生きていくことが困難な子どもたちにとっては、おとなが「子ども」

をどうみているかも重要である。子どもは社会の一員でありながら、ときにおとなとは別の規範規則にのっとった行為を求められ、そして許される。この「子ども」の特異性もまた考慮されなければならない。したがって、子どもと社会の関わりをみることには、そのプロセスと「子ども」というポジションを包括的に捉えることが求められる。

本書はこの課題に取り組むべく、「子ども域」という概念を用いることで、「子どもの社会との関わり」を捉える新たな視点を提示しようとするものである。

第2節 「子ども」の文化人類学

本書が対象とするのはバングラデシュ農村社会の子どもたちである。一見すると、日本の子どもたちをめぐる現状とは大きく異なり、ここでの議論が日本の子どもには無縁のように思われるかもしれない。しかし、本書を日本語で記す限り、日本の子どもを考えるうえで何ら役に立たないものであってはならないというのが筆者の考えである。従来の文化人類学における子ども研究は、人間と自然の関係を明らかにしようとする基礎研究であると同時に、各時代各社会において、「子ども」を考えるうえで、さまざまなメッセージを発してきた。

これまでの文化人類学における代表的な子ども研究を少し振り返ってみたい(2)。

人類学における子ども研究は、一九二〇年代に始まる「文化とパーソナリティ」の研究がその発端にある。

「文化とパーソナリティ」論では、文化が個人をどう成型しているかを明らかにすることが課題とされ、文化固有の育児様式や子どもの社会化の過程が注目された。アメリカの文化人類学者ルース・ベネディクト（R. Benedict 1887-1948）やマーガレット・ミード（M. Mead 1901-1978）は、「文化とパーソナリティ」研究に精力的に取り組んだことで知られている。ベネディクトは「文化の型」の議論において、文化的に条件づけられた行動が人びとの行動の大部分を占め、ある文化のなかで育つうちに個人は自らの文化が望ましいと助長する部分を受け入れていくという考えを示した［ベネディクト一九七三］。マーガレット・ミードもまた、成長期の問題や幼児期の育児様式がパーソナリティの形成においてもつ影響力や、文化と性別の関連について論じた。ミードの代表作である『サモアの思春期』では、サモア島で暮らす少女たちの成長過程を解明し、当時のアメリカ社会では普遍的と考えられていた「思春期」という概念が、西洋社会に特有のものであることを指摘した［ミード一九七六］。また、男性性や女性性といったジェンダーの概念も社会によって大きく異なり、生物学的な性を受けて生まれてきた人間が、育児やしつけによって、各社会が価値をおく行動様式や性格に作り上げられていくことを主張した。ベネディクトやミードの研究は、個別文化の固有性を主張し、一貫した文化相対主義を確立した。彼女たちが文化相対主義を提示した時代は、第二次世界大戦後のポストコロニアル的風潮において受け入れられ、また、戦後アメリカの新たな家族関係と子育てへの不安のなかで、「あるべき姿」の呪縛を解いた。

一九六〇年代から一九七〇年代にかけては、ホワイティングら（B. Whiting and J. Whiting）による『六つの文化の子供たち』に代表されるように、育児様式や子どもの社会化や文化化に関する研究が、通文化的研究へと進展した［ホワイティング、ホワイティング一九七八］。家庭における育児やしつけの型、年齢集団のもつ教育的機能など、非定型的な文化伝達の過程にも注目が寄せられた。日本でも、民俗学が集積してきた「しつけ」の研究蓄積を踏まえて、人格形成に及ぼす文化の役割についての諸理論を検討したのが、原ひろ子と我妻栄による『しつけ』の研究である〔原、我妻一九七四〕。原らは、ある集団に特徴的な「モーダル・パーソナリティ」は、当該社会の個人の行動の一貫性や規則性から抽象して設定された理論的構成物であるため、「集団成員の行動や制度をそれによって説明することで現実を見損なう危険性」があることを指摘した。そしてそれは、「集団成員個人のパーソナリティの直接の測定を通して明らかにされるべきである」とし、より客観的な方法論を示した〔原、我妻一九七四：二八四〕。さらに原は、ヘヤー・インディアン社会でのフィールドワークで得られた資料をもとに『ヘヤー・インディアンとその世界』〔一九八九〕を出版するなど、日本における『子どもの文化人類学』〔一九七九〕を確立した。高度経済成長期以降の核家族化のなかで子育てに悩む日本の母親たちにとって、原らの研究は、子育てに悩むこと自体を問い直し、勇気づけるものでもあった。

さらに、一九八〇年代頃から各地で記述されたBecoming（Japanese, Americanなど）の議論では、子どもを主体的に捉える研究が進む。たとえば、モートン〔Morton 1996〕によるトンガの子どもの民族誌では、文化モデル（Cultural Model）という従来の関心に依拠した“Becoming Tongan”の議論を展開しながらも、子どもに対する存在認識を背景に捉えながら、そのなかで展開されるおとなと子どもの相互行為を記述することに成功している。また彼女はこの研究を遂行するにあたって、自らのポジションを明確に意識している。すなわち、彼女自身がトンガ人の夫との間に生まれた自らの子どもを育てる親としてそこに存在し参与観察したことによって、彼女の研究は相互行為のなかでもとくにおとなの側の視点に重点がおかれている。モートンのように、人類学者が親の立場からその社会に参入し、親子関係から子どもを捉える研究は、この頃他の地域でもいくつかおこなわれている。[3]

一九八九年には国連の「子どもの権利条約」が採択され、以後、多くの国々がこれに批准した。子どもをおとなの存在如何にかかわらず権利ある個人として認識する風潮が強くなる時代である。そのなかで、子どもに対する（仕える）おとなの役割が盛んに議論される。

日本では、一九八四年に国立民族学博物館で開催されたシンポジウム「子ども文化の文化人類学的研究」[4]において、子どもを捉える多角的アプローチの追究が試みられている。たとえば、生活環境のなかで子どもと社会との関わりをみる視点、子ども自身の行動や言動から子どものもつイメージ世界を捉える視点、遊びに象徴される世界観をみる視点、通過儀礼の社会的意味から子どもに付された象徴を読み取る視点などがある。さらに、玩具や民話に関するフォークロア研究を通じて、子どもと社会との接点に注目する研究や、遊びや労働を介して彼らの社会的立場を探る試みがなされている。シンポジウムの総括討論では、「子どもがもっている普遍的な本質とそれぞれの文化のなかで特異に身につけていく社会化の問題、また子どもを『異文化』として捉えるか『文化の継承者』として捉えるかという問題が交差する図上に『子ども』を考えるべきである」という指摘がなされている［岩田一九八五：七六三―七六四］。

その後、グローバル化が加速化するにつれて、人類学における子ども研究は、教室における多民族状況や文化適応の問題など、現場の要求に応じた応用実践的研究が多くなり、教育人類学の分野が確立される。が、それと同時に、研究対象が特別な状況におかれている子どもへと特化していくようになる。

このように、人類学における子ども研究は、その数は決して多くはないが、「子ども」の本質（普遍性）や後天的文化習得という側面から「子ども理解」に貢献し、時代に応じて社会にメッセージを発してきた。そのとき対象事例として提示されるのは、問題視される子どもたちそのものではなく、また当該社会の子どもたちでもなく、まったく異なる社会の子どもたちであった。異文化をみることで相対的に自らが帰属する社会の文化が浮かび上がってくるという手法によって、「そもそも『子ども』とはいかなる存在か」という視点を発してきた。われわれが何を意識し、何を自明視のうちにみえなくしてしまっているかということに気づかせるうえで、異文化に関する包括的理解のなかで「子ども」を再考することの意義は大きい。

現在の日本の子どもたちをめぐる諸問題を考えるとき、文化人類学にできることは直接的な対応ではないにしても、今一度「子ども」の本質を顧みて、現代における子どもをとりまく社会状況の特異性や、子どもとおとなの関係を見直すべく、相対的視点をもち込むことではないだろうか。問題を表面的に捉えるのではなく、そもそもの人間理解に立ち返って、「われわれの問題」として再考する必要がある。

子どもたちをとりまく社会状況という面でいえば、プロローグで紹介したバングラデシュの子どもたちと日本の子どもたちの決定的な相違は、市場経済へのまきこまれ方にあるといえよう。教育ビジネスや、玩具をはじめとするありとあらゆる物質文化において、日本の子どもたちは主要消費者に位置づけられている。この市場経済を操るのはまぎれもなくおとなである。子どもたちがその働きかけに必ずしも応えているわけではないが、たとえそれが反抗という逆向きのベクトルであったとしても、力の掛け合いがおこなわれているのは確かである。

それに対して、バングラデシュの子どもたちには、いわば市場経済にまきこまれる前の状況をみてとれる。プロローグで述べたように、子どもたちのおかれている状況には「放ったらかし」の時空が多く垣間みられ、子どもたちへの働きかけのないその領域においては、人間と自然の直接的な関係、あるいは「子どもが育つ」

というときの本質が示される。ここでいう「本質」とは、生物身体的なものではなく、また心理認識的なものでもなく、社会的文化的人間として他者と関係を築く、自律する個の本質である。そのうえで、現代の日本社会においては何が「子どもが育つ」ことを阻害しているのか、市場経済の浸透や社会変容のなかで子どもたちの何がどう変化したのかを、相対的に知ることができるものと考える。

第３節　「子ども域」議論の経緯

本書は、「子ども」に向けられるまなざしとともに、「子ども」とされる彼らの行為そのものに着目し、双方が交差するところに「子ども」の実態を捉えようとしている。つまり、「子ども」を自明視するのではなく、社会との関わりから捉えようとしている。それを捉える際に用いるのが「子ども域」という概念であるが、それがどのような概念であるかをまずは整理しておきたい。

一般に、「子ども」とは誰か、と考えたとき、その相対的カテゴリーとして想定されるのは「おとな」という存在である。あるいは「子どもに目を向ける」というように、「子ども」を対象化した時点で、その視点はすでに他者である「おとな」からの視点を意味する。つまり、「子ども」という存在は、常に「おとな」によって規定されているといっても過言ではない。さらに、「子ども」という立場は常に一過性のものであり、成長とともに、誰もが否応なくしてやがて「子ども」ではなくなっていくものとされる。うらを返せば、「子ども」は、たとえ「おとな」にとって他者であったとしても、誰もが必ず経験する過去の自分でもある。一方、子どもたちを行為者として注目した場合、その実態はきわめて多様かつ段階的である。筆者は、社会のなかで「子ども」と位置づけられる子どもたちの、行為者としての多様性と社会との関わりのプロセスにこそ「子どもが育つ本質」が示されるものと考えている。この領域が「子ども域」という概念である。

前述の岩田の議論が示すように、「社会のなかの子ども」を考える場合、「異文化としての子ども」と「文化の継承者としての子ども」という二つの側面があるが、人類学ではこれまで後者「文化の継承者としての子ども」という側面から検討されることが多かったように思う。一方の「異文化としての子ども」という視点は、いうまでもなく、おとなからみた異文化であり、「子ども」の特異性を示すばかりか、おとな社会がもつ「子ども観」そのものでもある。本書の「子ども域」は、この二つの側面がいかに交じり合っているかを捉える視点でもある。

「文化の継承者としての子ども」「異文化としての子ども」という二つの視点の接点を、先行研究のなかから少し振り返ってみたい。

(1) 文化の継承者としての子ども——社会化論から実践論へ——

子どもがいかに文化を習得し、内在化しているかを明らかにするには、これまで「社会化」の議論が有効に思われてきた[(5)]。きわめて大ざっぱないい方をすれば、社会化とは、社会とその構成員たる個人を機能的につなぐ概念である。しかし、両者の関係を、社会の側からみるか、あるいは個人の側からみるかでは、社会化の定義自体が異なる。社会の側からみるというのは、たとえば、社会が個人をどのようにして社会のメンバーに作り上げるか、そのことによって社会はいかに社会体系や意味体系を伝達、維持し得るか、という関心に発する。逆に、個人の側からみた場合は、個人が社会的存在になるための学習の問題である。こうした捉え方の多様性は、菊池［一九九〇：四］が指摘するように、社会化の概念が「学際的な性格をもったもの」であることを示す。菊地［一九九〇：三八一］は、「文化的伝達と社会的学習という社会化の二側面のうち、心理学では後者の、社会学や文化人類学では前者の比重が大きい」と述べる。

各分野における社会化への関心は、一つの流れには、発達段階と各段階に課せられた発達課題を細分化することで成長を捉える試みがあり、とくに個人に焦点をあてる心理学において盛んにおこなわれてきた。この段階的な発達課題は、生まれたての乳幼児期から始まり、六〇歳から後の成熟期にまで続き、社会化は生涯学習と同義的に捉えられる。また一方で、個人のなかで社会化される各側面を細分して捉えた研究もなされる。言語的社会化や、認知的社会化、性的社会化、さらに社会的スキルの習得や道徳、政治、職業の面における社会化も注目される。当然ながら、これら各側面は、各社会によってその内実が異なるため、学習の問題のみでなく、社会学や文化人類学における伝達への関心からも取り組まれてきた。また川浦［一九九〇：一五九］は、「言語能力や対人技能、性役割や道徳性などがバラバラにあるのではなく、それぞれの個人のなかにまとめられているという事実」を指摘し、各側面の社会化が達成されるのは「それぞれ別々の個人ではなく、同一の個人のなかでこれらの社会化過程が進行」するのであるから、「われわれ一人ひとりの行動を全体としてとらえる」ことの必要性を主張する。その個人の諸行動を統合する価値基準として「ライフスタイル」への注目を提唱している。

社会化の議論においては、総体的に、伝達や、学習する社会の体系や価値規準が前提となっている。つまり社会化がある特定の方向を向いて進行するものと捉えられていることは、これまでの社会化研究にほぼ共通している。この社会化の前提にある社会体系については、社会学者のタルコット・パーソンズ［一九五一］にさかのぼる。パーソンズは『社会体系論』のなかで、行為や相互行為から社会体系を捉えるには「行為の準拠枠」という枠組みが不可欠であることを述べている。すなわち、各社会では「規範的指向」や「価値指向パターン」が確立していて、それらは、二人またはそれ以上の個人行為者によって共有され、自他の互いの行為と期待に対して同調をもたらし得るものとされる。その状態こそ社会体系が確立した状態とする［パーソンズ一九五一：二〇九］。パーソンズの行為の準拠枠を個人行為の側から再解釈する清矢［一九九四：三二］もまた、ある行為が「規範的」であるかどうかは、その行為者の志向が社会的に共有され、集団内の成員の感情的な側面において肯定的な関係を見出し得るかどうかによるとしている。ゆえに、パーソンズの文脈では、集合体の成員間における相補的な期待の体系を学習することこそが「社会化」を意味する［パーソンズ一九五一：二二一］。この期待の体系の学習を、パーソンズは「役割期待の学習」と呼ぶ。清矢によるパーソンズ議論の解説に依拠すれば、つまり「社会化の概念の根底には、その理論的な単位となる行為の準拠枠があり、それにもとづく、社会体系の単位としての相互行為、その相互行為を安定させるところの相補的な役割期待、そして、役割期待に従って具体的に行為者がふるまうところの行為パターンの学習、という諸局面が存在している」［清矢一九九四：五〇］。

さらに清矢［一九九四：四］は、社会化への学問的な関心が記述的な問題である一方で、社会化は、「我々の素朴な日常生活においては、……現実の我々の人生と表裏一体の、実際的な問題関心に裏付けられている」とする。「実際的な問題関心」とは、すなわち「ある社会がそこに生まれ来る子どもに提供すべき、望ましい成長過程と、それから逸脱している実際の子どもの成長過程とを調停しようとする問題関心」である［清矢一九九四：一五〕。いい換えるならば、「逸脱」という概念もまた、「望ましい」とされる状態が前提として存在し、それにそぐわない行為を意味する。そして、実際的な生活において、逸脱行為は「望ましい社会」にとって問題とされる。

しかし、社会化が社会体系や価値の学習であるならば、体系の準拠枠そのものが揺らぐ現代社会においては、「社会化」という概念そのものを再検討する必要に迫られるだろう。この社会変動の問題について、菊地〔一九九〇：八〕は、「社会についての伝統的な定義では、その社会のメンバーが共有している行動型や、おとなたちの行動として示される行動モデルの存在が前提とされていた。しかし実際には、社会の変動にともなってこの行動型そのものが不安定なものになっているし、子どもたちに行動モデルが明確に示されていない場合も多い。こうした「揺ぎ」の状態を考えに入れないと、社会的あるいは文化的な変動を説明することがむずかしくなる」と言及する。どの方向を向いて社会化がおこなわれるか、社会の準拠枠や価値をどう考えるかという指摘は、激動する現代社会においては重要な問題である。

社会化の向かう方向や習得する指向パターンが問題になると、社会化の議論は、社会化がどのように達成されていくのかという、より「過程」への注目へと移行していく。研究の手法としては、おもに相互行為を観察し分析する方法が採用される。清矢〔一九九四：一三八〕は、相互行為に注目することで行為規範的志向を「行為者の文脈表示的表現の合理的運用の視点へ発展させた」ものとして、エスノメソドロジーの社会化論への貢献を示している。エスノメソドロジーは、人間の行為を社会単位とすることで、実際的な問題関心を対象にしてきた〔清矢一九九四：五、一〇七〕。その特徴としては、社会的規範を「日常生活においては文脈表示的表現でしかなく、それ自体として、成員間での意味の客観的一致を保証するものではない」とし、あくまで行為者の視点に集中する。その主な手法は会話分析にあり、詳細な記録と分析によって、相互行為を微細に捉える。しかし、エスノメソドロジーのあまりにも焦点を絞った「主意主義的行為理論」[清矢一九九四：二七]は、行為者の社会的存在や立場を考慮した客観性に欠け、それだけでは不十分な観が拭えない。

このようなエスノメソドロジーの主意主義的な視点は、ピエール・ブルデューによって批判される。ブルデューはエスノメソドロジーが、対象とする「諸個人の間、ないし彼らの帰属集団間の関係がもっている客観的な構造」を、「状況や特定集団内の相互行為がもつ時局変動構造に還元してしま」っていることを批判する[ブルデュー一九八八：二五一―二五二]。「相互行為そのものも、その形式を、相互行為のなかにある当事者たちの心的傾向を生産し、……彼ら当事者に自分の相対的な位置を割り当てる客観的な構造に負っている」として、相互行為の背景にある社会関係や構造の重要性を指摘する[ブルデュー一九八八：九三]。そこでブルデューは、個人の主意主義的な行為と、相互行為の背景にある客観的構造の矛盾を乗り越える概念として、ハビトゥスを提唱する。ハビトゥスとは、「社会のなかに構造化された関係を個人のなかに内面化、構造化しながら、また他方、その制約のなかで無限に、かつ自由に実践をつぎつぎと生みだす」ものであるとされる[田辺二〇〇三：八六―八七]。さらにブルデューは、ハビトゥスの獲得が他者の行為の模擬によってなされることを示した[ブルデュー一九八八]。

このハビトゥス獲得の議論から、ジーン・レイヴとエティエンヌ・ウェンガー[一九九三]は「正統的周辺参加」の議論を提示する。実践知の習得や技術の獲得は行為者の相互行為とコミュニティ参加によって実現されるとし、それまでの「状況的学習」を「参加」の概念で捉えなおして、学習者(新参者)が実践共同体の一部に関わっていくプロセスを捉えようとした。「正統的周辺参加」とは、「権力関係を含んだ社会構造、社会的世界」への「十全的参加」を意味する〔レイヴ、ウェンガー一九九三：一一〕。従来の学習に関する議論では、学習を単に「内化」とみなしていたが、「参加」とみなすことで、共同体の成員の多様な形態を含むことができ、そこには「関係論的相互依存性」が強く働く〔レイヴ、ウェンガー一九九三：二五―二六〕。つまり彼らがいうところの「学習」とは「参加するコミュニティでの役割の変化、まわりの人びとや資源との関係の変化、さらに行為者自身のアイデンティティの変化などをともなう社会的過程である」〔田辺二〇〇三：二〇、二二〕。

ハビトゥスの議論をより子どもに適応した箕浦〔二〇〇三〕は、子どもが体験を通して「独自の意味空間を構築する」姿を描くために、構築主義の議論を展開する。箕浦の構築主義の立場は、本質主義的な構造や準拠枠にとらわれるのではなく、子ども自身が文化を構築するという、子どもから社会への関わりを能動的なものとして捉えた点で、従来の学習の議論とは一線を画した新たな子ども研究への示唆をもたらしたといえる。

このように、社会化の議論は、その到達点（準拠枠）を前提とした議論から、社会化の過程を行為者の相互行為の視点から明らかにし、そこに文化が立ちあらわれるという議論へと発展してきた。議論の発展過程において、もはや「社会化」という概念そのものが使われなくなったことはいうまでもない。相互行為を通して子どもたちがいかに「差を構築しているか」、さらにそこに社会構造のいかなる「制約」が働いているかというハビトゥスの議論は、本書が捉えようとする行為者としての子どもへの着目を促すところである。

しかしこれに加えて本書がさらに留意すべきは、「子ども」という対象がもつ特異性の問題だろう。それは、ブルデューのいう「制約」を超えて、子どもとおとなの間にある不連続性の問題である。菊地〔一九九〇：七〕は、社会化の不連続性について「社会化の初期に学習された行動型がその後にかならずしも有効には働かない」ことを指摘し、「子どもの頃に社会化によって身に付けた行動は、おとなになってからは利用できないものも含んでいる」とした。その例として、子どもであるがゆえに問われない責任性や、子どもであるがゆえにおとなの命令に服従するべきとされる服従性などを挙げている〔菊池一九九〇：七〕(6)。すなわち、社会化の過程でおこなわれる相互行為において、おとなたちは、「子ども」という社会のなかの特別な存在に対して、ときに特別な働きかけをする。その行為は、同一の個人であっても子どもがおとなになるとまったく異なるものに取り替えられることもある。さらに子どもの側も、「子ども」であるという立場でのみ展開され得る相互行為を経験する。子どもが他者との間で展開する相互行為やそのなかで構築される規範が、いかにおとな社会に繋がっているか、あるいは子ども期に特有のものなのかを検討する必要があるだろう。

ここで「文化の継承者としての子ども」と「異文化としての子ども」の議論の接合点が浮上する。コミュニティ参加の議論に残された「子ども」の特異性という課題に対して、「子ども」をおとな社会から一線を画した「異文化」の存在として、その内実を捉えようとする「異文化としての子ども」の議論が、示唆を与えてくれる。

(2) 異文化としての「子ども」——子ども観からの出発——

社会のなかの「子ども」概念の議論において、その出発点はいうまでもなく、フィリップ・アリエスによる『〈子供〉の誕生』〔アリエス一九六〇〕である。アリエスは歴史学の見地から、「子ども」という概念が近世の産業化の時代における生活状況の変化とそれにともなうまなざしの変化の所産であるとして「子供」の誕生を論じた。アリエスによれば、中世文明においては子どもは「小さな大人」に過ぎず、家族を超えた濃密な共同の場において、遊び、働き、学んでいた。しかし、中世末から近代にかけての西洋社会において「家庭と学校とが一緒になって、おとなたちの世界から子供をひきあげさせた」とし、その姿を、絵画や墓碑銘、教会の動きを手がかりに描き出した［アリエス一九六〇：三八六］。彼は、その最たる要因は、「近世初期においての重要な出来事」である「教育的配慮の出現」にあるとした。すなわち、「子供は人生に入っていくためには十分成熟しておらず、子供をおとなたちと一緒にし混淆するに先立って、ある特殊な体制のもとに、世間から隔離された体制のもとに置いておく必要があることが認められるように」なった。この「子供に対してもたらされた新しい（教育への）配慮は新しい意識を吹き込み、新しい感情生活を誕生させ」たとする［アリエス一九六〇：三八五］。「感情生活」とは、近代の家庭のもつ「幸福」を意味し、そのなかに子ども期があらわれるのである。そして、「家族が子供を中心に再構成され、家族と社会とのあいだに私生活の壁が形成される」［アリエス一九六〇：三八六］。さらに近代の家族は、「親密さとアイデンティティの欲求に対応して、その道徳的影響力がブルジョワという現象の起源に存在した」として、「家族」と「子ども」、そこに生成される「感情」の変化が発火装置となる社会構造の変化を捉えることに成功している。一九六〇年に発表されたこのアリエスの議論は、その後、「子ども」という概念が社会といかに呼応した「意味的存在」であるかという議論に発展し、「従来の近代的子ども観の自明性を疑う試みともなり得た」点で、歴史学を超えた広い分野に波紋を広げた［本田二〇〇〇：一二六］。

アリエスによって発見された近現代の「子ども」の自明視をさらに強調する流れに、「子ども」をおとな社会から一線を画した「異文化」の存在として、その内実を捉える「異文化としての子ども」の議論がある。人類学においても、おもに構造人類学や象徴人類学の立場では、おとなの秩序だった世界に移行する以前の混沌とした世界のなかにある子どもを異文化として捉える試みがある。山口［一九八四：一二二］は、「子どもはおとなとは異質の世界である」とし、「子どもの世界は、それ自体が自己充足的で、決しておとなへの予備段階でも何でもない」と述べている。山口の影響を受けたという本田もまた、子どもを「異文化」としておとなから切り離し、子どもの内面世界から子ども自身のもつ文化を解読することを試みた［本田一九八二など］。また、藤本［一九九六］は、それまでの「子どものためにおとながつくって与える文化」としての「児童文化」とは区別して、子ども自身の文化創造という視点を重視し、遊びを中心とした子ども主体の「子ども文化」を提唱した［川勝二〇〇四：五、七］。「異文化としての子ども」や「子ども文化」論は、ことに日本における子ども研究の主要なモデルとなり、アニメなど子ども対象の文化から、死や性に対する子どもの理解まで、さまざまなテーマで「子ども」の内面に関する研究がおこなわれている。(7)

しかし、子どもが独自世界を創造するには、その主体に「子ども」という社会的立場が保障されていることが前提となる。さらに、個人にとって子ども期は例外なく一時的であるがゆえに、「子ども文化」の連続性と不連続性の問題を考慮しなければならない。

(3)「子ども域」の定義

このように、「文化の継承者としての子ども」と「異文化としての子ども」の議論を包括的にするためには、子どもが行為者として他者との相互行為を展開する過程でいかに文化を構築しているかを捉えながら、そこに「子どもである」という特異性がどのように働いているかを意識する必要がある。この特異性には、当該社会のおとなたちが「子ども」をどのような存在として認識しているかという「子ども観」と、さらには子どもたち自身が自らを「子ども」と認識する枠組みも大きく関わっている。これを捉えるために設定したのが、「子ども域」である。「子ども域」は、以下のように定義することができる。

子どもたちは日常生活のなかで、成長にともなって社会での位置や役割を次第に確立し、ずらしていく。それらは、彼らが他者との間で展開する相互行為を通じて築かれていくものであるが、そのプロセス自体は行為者である子どもによるものである。この交渉を経て、子どもは「子ども文化」を築きながら同時に社会の成員として社会に「参加」していく。ある部分はおとなになるにつれて失われ、ある部分は個人のなかに内在化される。この交渉領域では、子どもたちは「子ども」という社会的制約にありながらも自由な実践を展開する。制約は、子どもがいずれ子どもでなくなるという現実に支えられた一過性のもので、個にとっては常に可変的で不連続である。また、社会が「子ども」をどう認識しているかによっても大きく異なる。「子ども域」とは、この領域を指すと同時に、その実態を捉えるための概念である。

この「子ども域」への着目を用いて本書が分析の対象とする事象は、子どもが他者との間に築く関係性とその関係性のなかで築く行動規範である。他者とは、村落社会に暮らすおとなや、同異年齢の子ども同士、親族、さらには学校教育を通して子どもたちがまきこまれる国家や国際社会など大きな文脈の「社会」でもある。うまく関係を築くために、子どもたちは彼らなりの規範を築き実践する。主体の側から捉える場合、規範は、自分を中心としたマトリックスのなかで、他者とうまくやっていくための装置である。

一九六〇年代から八〇年代にかけて、バングラデシュ（一九七一年以前は東パキスタン）で先駆的な文化人類学的研究をおこなった原忠彦は、著書のなかでバングラデシュムスリム社会における「個人の自主独立性」について論じ、それが家族（*paribar*）の性格や職業価値観を決定する要因となっていることを述べている［原一九六九a、一九六九b］。それは「子ども」にも当てはまり、子どもは「独自の天命と能力を神から与えられたもの」であり、「あらゆる人間がそれぞれ異なった能力と、異なった触発の時期をもっている」というイスラームの考えのもとで、なかでもとくに男子は「いろいろな場面で『自主独立』の存在として扱われている」としている［原一九八六：三一七、三一九］。したがって、子どもの頃から個人の自主独立性を認める社会では、結果的に「大人と子どもの境界も不明瞭」である［前掲：三一九］。たとえば、おとなの集会に「子どもたちが加わること自体は決して拒否されないし、発言も（それが適当なものであれば）別に禁じられているわけではない」［前掲：三二〇］。

こうした原の見解からは、本書が捉えようとする当該社会の「子ども域」の性質としては、子ども独自の原理が働きうる可能性が高く、子どもに対する制約が少ない状況が予想される。この見解は、一見すると、一般に強い行動規範が働くとされる南アジア社会においては相反する状況を示しているようにさえ思われる。だとすれば、そこには規範そのものの明確さとは別に、それが構築されるプロセスに、ある特殊な状況があるのではないだろうか。本書では原の見解も視野に入れながら、子どもと社会の関わりのプロセスを、とくに行為者としての子どもの側から描いてみたい。

第4節　「子どもの視点」のフィールドワーク

本書が描き出す一見「牧歌的な子ども期」は、日本のある年代層の読者にとっては、自らの子ども時代を彷彿とさせるかもしれない。実際に、本書のなかのバングラデシュの子どもたちを紹介したとき、自らの子ども時代を語りだし、筆者に聞かせてくれる人は多い。子どもたちの行為の各要素には、自らの経験とどこか重なるところを感じる人も多いかもしれない。それはおそらく、子ども期というのが誰もが経験する過去の自分であり、その原風景に重なるからであろう。

しかし、筆者がここで描こうとするのは、過去を振り返る原風景のなかで捉えられる子ども期の経験ではない。原風景のなかの「子ども」は、それを語る時点の自分、つまりすでに子どもでなくなったおとなの解釈である。本書が扱うのは過去への解釈ではなく、今を生きる子どもたちであり、実況の「子どもの視点」である。もちろん、その解釈認識においては、すでにおとなとなった筆者自身がもつ「子ども」イメージや、自らの子ども時代の原風景が拭いきれないのも確かである。しかし、そこをあえて、筆者自身がもう一度子ども時代を過ごすつもりになって、調査者のポジションを子どもの側におくことを試みた。

子どもをめぐる参与観察の困難さは、身体的におとなである調査者が子ども社会の擬似成員になることの難しさにある。また子どもたちは、自らを語り、状況を説明するということをあまりしてくれない。多くの子ども研究が、子どもが書いた作文等の分析や、おとなになってからの子ども時代の原風景の語り分析にならざるをえないのは、おそらくこの難しさのせいでもあるだろう。「子どもの視点」を捉えるには、彼らの何気ない行為言動を丁寧に拾い、それらを一つ一つ読み取っていく作業が必要である。何気ない（本人たちが無意識のうちに発する）行為を拾うには、彼らと行動をともにするしかないように思われる。筆者はできる限り子どもと行動をともにすることで、その困難を乗り越えようと試みた。たとえば、学校の調査では、ほぼ毎日学校に通って子どもたちと席を並べた。休み時間には彼らと一緒に遊び、家では宿題も試みた。教室内では、教師の位置に立つか、生徒の位置に立つか、あるいは後ろで参観者の立場で観察するかによって、見え方が自ずと異なる。筆者は二〇〇〇年に当該社会での調査を開始した当初、現地ベンガル語の、ことに方言に長けていなかったこともあり、子どもと席を並べて「ベンガル語を勉強する一生徒」として学校に通った。調査校の教師の好意的な協力もあって、「学校に通い勉強する」という明確な子どもの役割を共有することで、子どもたちも筆者を彼らの仲間として受け入れてくれた。おとなたちも、筆者が子どもとともに行動することを次第と受け入れてくれるようになった。プロローグで記したパピアと筆者の関係は、その一例である。

二〇〇〇年も、また本書で扱うデータを収集した二〇〇三年も、学校での学びを筆者と共有したのは当時の四年生である。二〇〇〇年に四年生だった二二人と、二〇〇三年に四年生であった一六人が、筆者のインフォーマントの中心を成した。と同時に、学校での調査以外では、プナイから小学生やそれ以上の年齢層まで幅広い子どもたちとの付き合いを心がけた。また、筆者は女性であるが、男子たちにも可能な限り受け入れてもらえるように努めた。その意味では、子ども社会内において筆者は擬似成員ゆえに、どの年齢層にも属さないマージナルな立場に立っていたといえる。そうした「子ども」のポジションから、子どもが他者との関係を築くプロセスを追った。

第５節　調査地の概況――バングラデシュ農村社会の社会構造と現状――

本書で用いるデータは、おもに二〇〇二年一一月から二〇〇三年三月と、二〇〇四年一月から九月の間におこなった計一年の現地調査から得られたものである。(8) 主なインフォーマントは、N集落に住む子どもたちと、同集落内にある小学校（N1校）に通う子どもたちである。本書の舞台となるN集落の概況について、述べておきたい。

調査地が位置するジャマルプール県（*Zila* Jamalpur）は、バングラデシュ首都ダッカから北部方面を含むダッカ地区（Dhaka Division）の最北に位置する。ダッカからは約二〇〇キロメートル北にあり（図０‐１参照）、ジャマルプール県の県庁所在地までは直通バスを使えば約四時間で行くことができる。調査地は、県内七つの郡（*Thana*）のうち、県庁所在地を含むジャマルプール中央郡（*Thana* Jamalpur *Sadar*）内にあるが（図０‐２）、県の中心部からは約二〇キロメートル東にある。

調査地は、ダッカと県中心部を結ぶバスが通る幹線道路沿いにあるため交通の便はよい。筆者がここで調査を始めた二〇〇〇年当時は、人びとの往来はそれほど多くはなく、村人が県中心部に行くことは稀であったが、二〇〇五年には状況は大きく変化していた。たとえば、近年、農村でも経済的に急成長を遂げつつある家庭が増え、そうした家庭では県中心部やその手前にある比較的大きな市場へバスに乗って買い物に出か

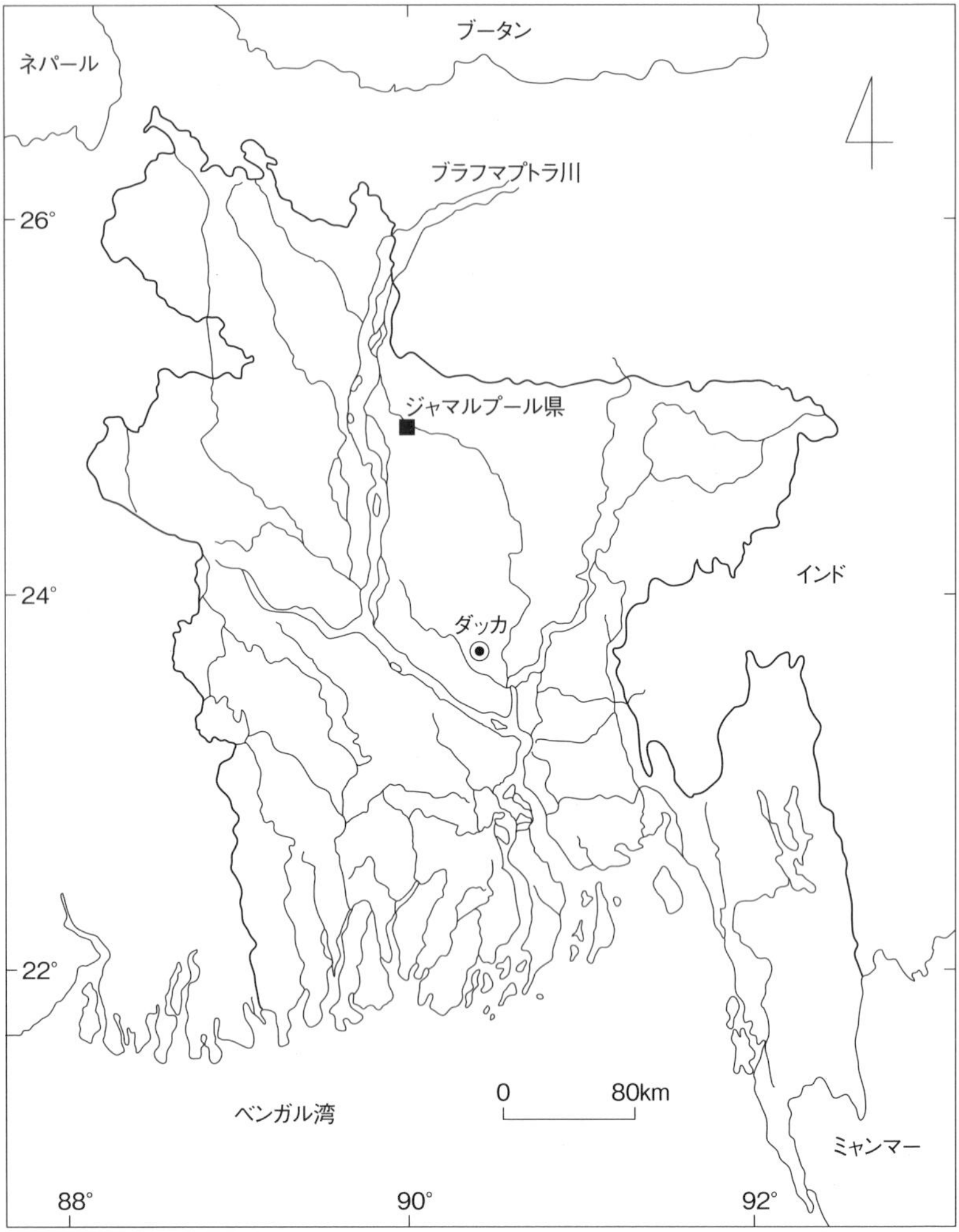

図 0-1：バングラデシュ全土地図
出典：1997 MAGELLAN Geographix（805）685-3100 を参考に筆者作成

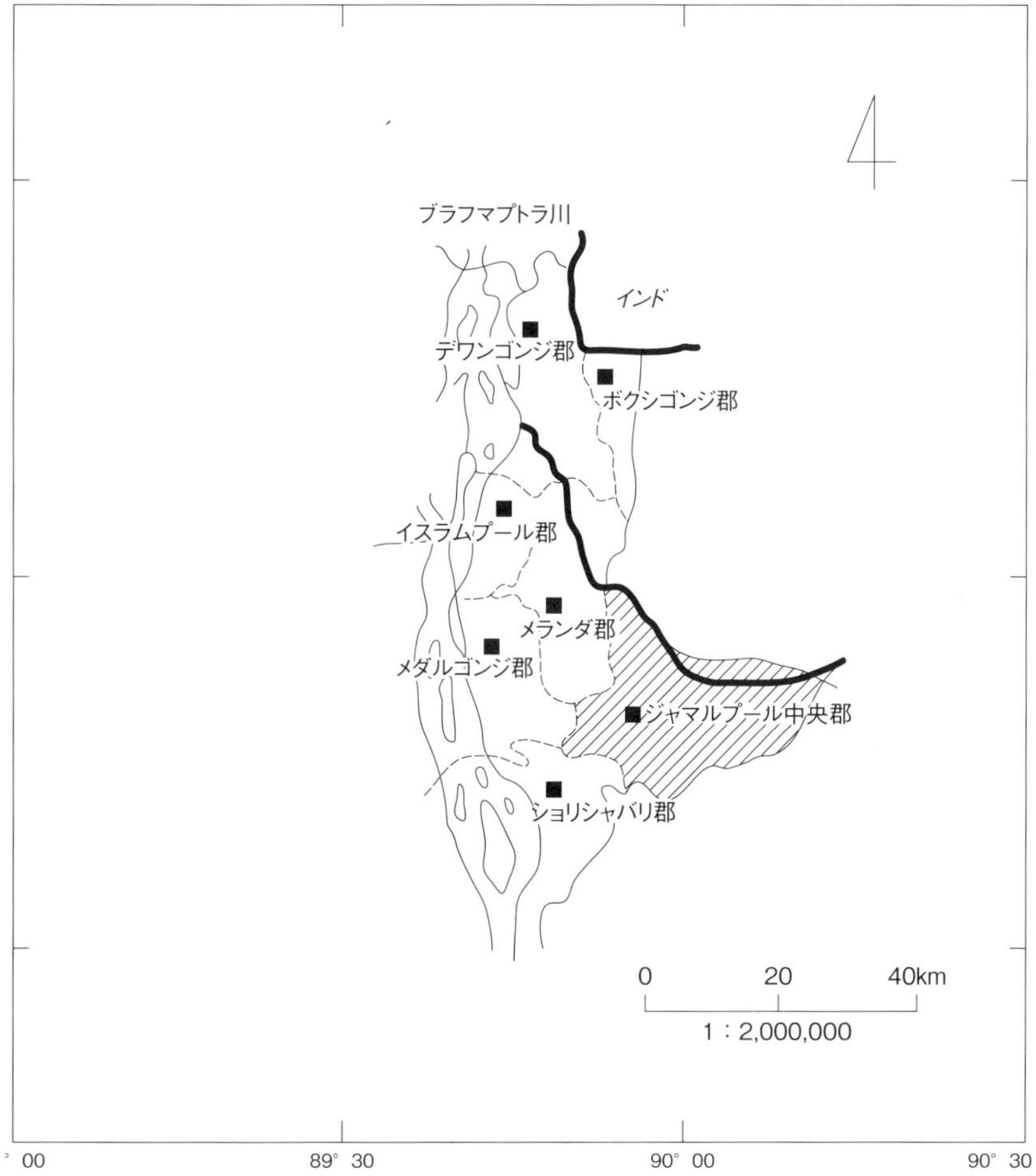

図 0-2：ジャマルプール県地図
出典：Local Government Engineering Department
UNDPI/LO Project BGD/89/41 を参考に筆者作成

ける。また、農村から街や県内他郡に婚出した女性が子どもを連れて里帰りする姿や、村から街や他郡の親戚を訪ねる人びとの往来も頻繁にみられるようになった。

調査地は、郡の下位組織である行政区としてはB行政区（B Union）にある。さらに行政区の下にはモウザ（*Mouza*）と呼ばれる英領期以来の地租単位行政村がある。モウザの領域は、人びとの生活区分として用いられる村（*Gram*）と重なることが多く、同じ名称で呼ばれることも多い［海田 一九九〇］。さらに、村の下位区分にはパラ（*Para*）と呼ばれる集落単位があり、複数ないし単数の集落とその周辺の土地が集約されて村を形成する。村内での位置や集落の特徴によって、各集落は「東パラ」「西パラ」「Xパラ」「Yパラ」などの名称をもつ。集団的組織性を支えているのはこの集落単位にあるとされており、集落が、経済的、政治的、社会的、宗教的な活動の核となることが多い［西川 一九九三：六五六］。調査地N集落（N *Para*）はM村の六つの集落のうちの一つである（図0-3）。N集落は、南北およそ一キロメートルの道沿いの家々と田畑

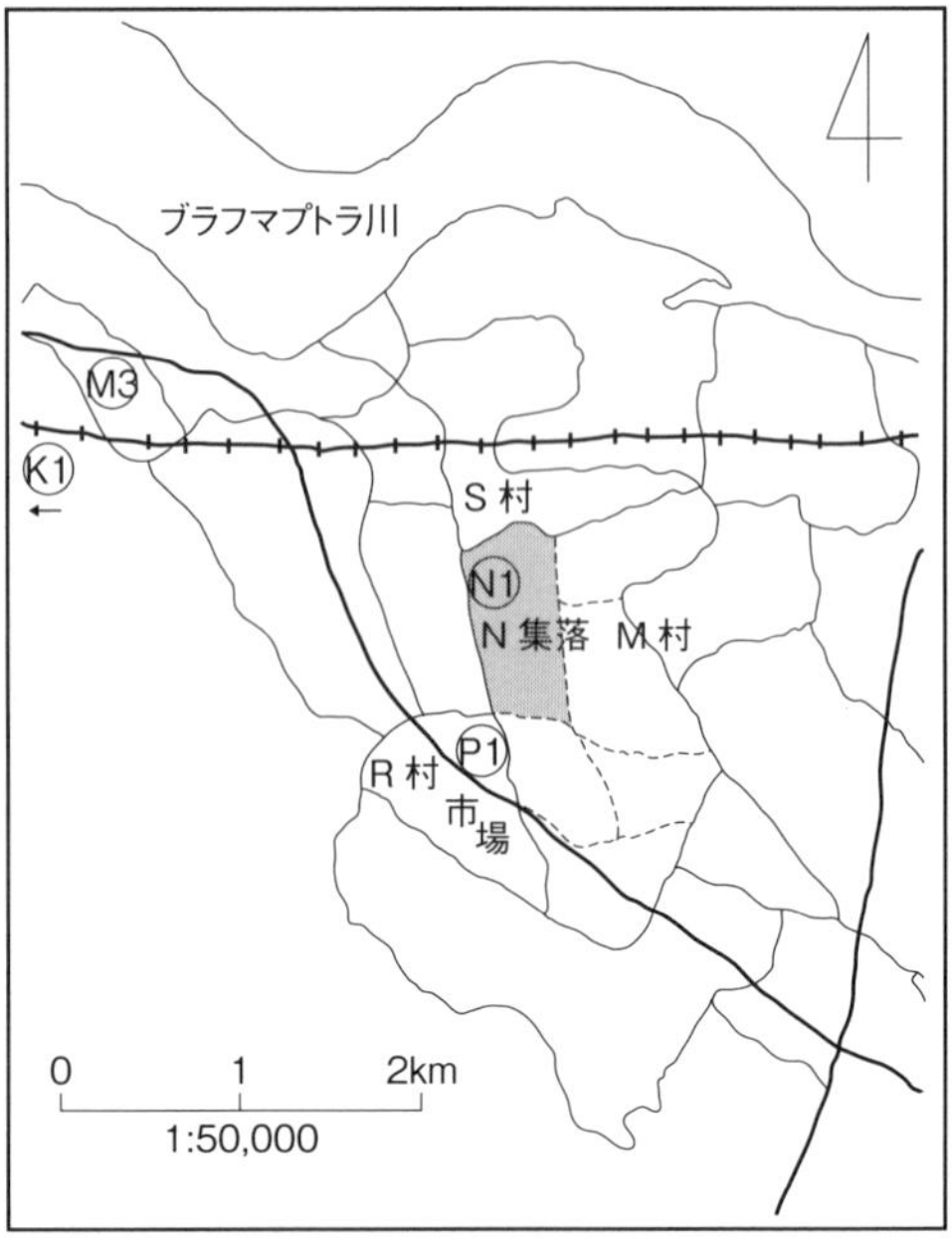

図0-3：M村N集落周辺地図

出典：Local Government Engineering Department UNDP/ILO Project BGD/89/41 を抜粋加工

（注）○印は第5章で比較する小学校

N1：NGOノンフォーマル学校（調査校）

P1：政府系公立学校

M3：マドラサ

K1：私立学校（KG School）

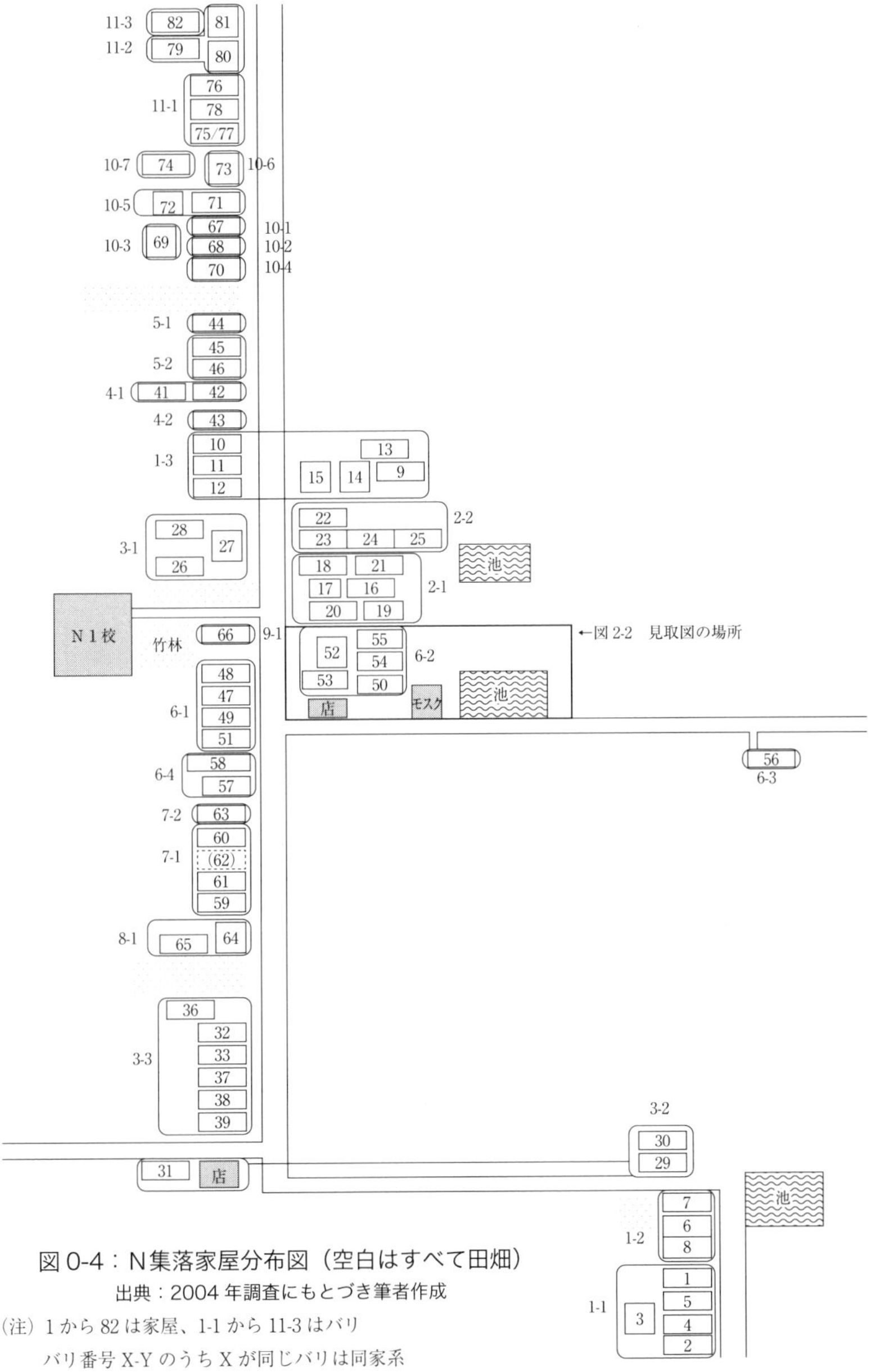

図 0-4：N集落家屋分布図（空白はすべて田畑）

出典：2004 年調査にもとづき筆者作成

（注）1 から 82 は家屋、1-1 から 11-3 はバリ

バリ番号 X-Y のうち X が同じバリは同家系

表 0-1：N 集落の年代別性別人口　（人）

	男子	女子	合計
0-10 歳	48	44	92
11-20 歳	31	43	74
21-30 歳	22	42	64
31-40 歳	31	24	55
41-50 歳	15	15	30
51-60 歳	6	12	18
61-70 歳	9	6	15
71 歳以上	3	1	4
合計	165	187	352

出典：2004 年の調査にもとづき筆者作成

から成る（図０‐４）。

人口は、二〇〇四年調査時で三五二人[9]（国内外出稼ぎ者や家屋を残したまま街で暮らしている者を含めると三九九人）で、その全てがムスリムである。家系、系譜を示すボングショ（*bamsa*）は「モンドル（ミストゥリ）」と「シェク」それぞれ約半分ずつによって構成されている。N集落内には一一の父系集団が確認でき[10]、二九のバリ（*bari*）、家屋数は八二を数える（図０‐４）。一つの家屋に二つの家族が暮らすこともあり、家族数は一一六ある。バリと家屋、家族の関係について簡単に説明しておきたい。バリは屋敷地が単数ないし複数集まって構成されている。居住単位としてのバリは、家屋そのものをさす場合もあれば、それを構成する家族集合を意味することもある。複数ないし単数の家屋と台所小屋が中庭を取り囲むかたちでできていることが多く、大半の場合、構成家族は父系親族関係にある。同じバリ内でも家計は家族ごとに独立していて、台所もそれぞれ別である。ここでいう家族（*paribar*）とは、夫と妻と未婚の子どもから成る単位（核家族）を示す[11]。家計を同じくする集合にはショングシャル（*samsar*）という単位が用いられる。基本的に核家族ごとにショングシャルは別であるが、年老いた父母や寡婦の母を息子夫婦が養う場合は家屋およびショングシャルを共有することもある。また、ショングシャルと家屋は一致するのが一般的であるが、近年、村にもトタンやレンガ造りによって複数の部屋をもつ比較的大きな家屋が登場すると[12]、複数の家族ショングシャルが一つの家屋内で暮らすケースもみられる。つまり

表0-2：職業別人口と割合（人／％）

	男性		女性		合計	
就学前	17	10.3	17	9.1	34	9.7
学生	55	33.3	54	28.9	109	31.0
農業	45	27.3	0	0.0	45	12.8
兼業農業	8	4.8	0	0.0	8	2.3
日雇（主に農業）	12	7.3	0	0.0	12	3.4
警察官	1	0.6	0	0.0	1	0.3
保健関係	1	0.6	1	0.5	2	0.6
教師	0	0.0	4	2.1	4	1.1
米商売	3	1.8	0	0.0	3	0.9
小売業	6	3.6	0	0.0	6	1.7
大工	2	1.2	0	0.0	2	0.6
テーラー	0	0.0	1	0.5	1	0.3
まもなく海外へ	3	1.8	0	0.0	3	0.9
ダッカへ	1	0.6	0	0.0	1	0.3
使用人	1	0.6	0	0.0	1	0.3
主婦	0	0.0	99	52.9	99	28.1
引退	7	4.2	0	0.0	7	2.0
物乞	0	0.0	1	0.5	1	0.3
なし	3	1.8	10	5.3	13	3.7
合計	165	100	187	100	352	100

表0-3：成人職業別人口の割合（％）

	男性	女性	合計
農業	48.4	0.0	48.4
兼業農業	8.6	0.0	8.6
日雇（主に農業）	12.9	0.0	12.9
警察官	1.1	0.0	1.1
公務員（保健関係）	1.1	0.9	1.9
教師	0.0	3.4	3.4
米穀加工商売	3.2	0.0	3.2
小売業	6.5	0.0	6.5
大工	2.2	0.0	2.2
テーラー	0.0	0.9	0.9
海外出稼ぎ待機中	3.2	0.0	3.2
ダッカ出稼ぎ待機中	1.1	0.0	1.1
家事使用人	1.1	0.0	1.1
主婦	0.0	85.3	85.3
物乞	0.0	0.9	0.9
なし	10.7	8.6	19.3
合計	100	100	

出典：表0-2、0-3ともに2004年の調査にもとづき筆者作成

家屋とショングシャルと家族は、重なる場合とそうでない場合とがある。

性別年齢別の人口は表0‐1に示すとおりである。[13] 女性より男性の方が若干少ないのは、統計が男性の国内外への単身出稼ぎ者を含んでいないためである。

表0‐2と表0‐3は、人びとの職業を示している。集落人口のうち約四割が就学前か就学中である。また、表0‐3に示すとおり、成人人口では農業を専業としている者が五割近く、さらに兼業や日雇いを合わせると農業従事者が七割を占める。ジャマルプール県は、バングラデシュ国内では比較的海抜が高く、県東部を流れるジョムナ川沿いや北部ブラフマプトラ川沿いを除けば、洪水の心配が比較的少ない地域で、調査地では季節移動労働はほとんどみられない。農業に適

した土地と近年の交通網の改善により、隣のマイメンシン県（*Zila* Mymensingh）と並んで国内有数の稲作地域である。二〇〇〇年から二〇〇五年の間に米の流通業も盛んにおこなわれるようになった。農繁期には、バングラデシュ北部からの出稼ぎ農業者が泊り込みで働きにくることもある。したがって、N集落の状況をみても、他県の例に比べれば［高田二〇〇六：三二］、自給自足が可能な農家が少なくない。基本的に、土地所有の単位は世帯（家族）に属する。しかし、まだ分配相続していない家では、バリを形成する父系集団が共同で所有している場合もある。筆者が一軒一軒に土地の所有を尋ねて歩いたところ、一一六世帯のうち七四世帯で土地所得が確認された。まったく土地をもたない世帯は一四軒あり、残りの二八世帯は共有に含まれている。一世帯（約四、五人）が自給自足で生活するには現地の土地単位で三パキ（*pakhi*）[14]は必要といわれる。N集落で土地を三パキ以上所有しているのは七四軒中四一軒（約五五パーセント）あった。自給自足には満たず、農業以外に兼業をもつ世帯は一七軒であった。一方、自らは農業以外の賃金労働をして土地は小作[15]に任せるという地主世帯は三軒に留まり、各規模もそれほど大きくない。つまりN集落は、自ら農業に従事して生計を立てる専業農家の層が大半を占め、きわめて金もちの層も少なければ、きわめて貧しい層もそれほど多くはない。

しかし近年、中東諸国への出稼ぎが急増し、二〇〇四年の時点ですでにN集落からも一一人が海外で働いていた。そうした家では出稼ぎ者による仕送りによって急激な経済成長がみられ、土地所有を拡大している。世帯主の不在から小作に農業を任せることになり、パトロン・クライアント関係が形成される。N集落に限っていえば、小作を任せる相手は同じ集落内の者で、小作人は農業以外にも、その家の雑用、ことに男性の手を要するような遣いにしばしば使われる。

生活面でいえば、ちょうど二〇〇三年の調査時にN集落にも電力会社が入り、多くの家が家屋に電線を引き始めた。電気の普及によって、村には電灯とテレビが普及した。また、電気の普及とほぼ同時に携帯電話も著しく普及し、通信手段を大きく変えている。携帯電話の普及は、二〇〇〇年にN集落から三キロメートルほど離れた市場に電話屋(16)が一軒でき、二〇〇三年にはR村（N集落から約一キロメートルの近隣市場）にも電話屋ができて、そこから電話をかけることが可能となった（それまでは県中心部の固定電話の店まで行かなければならなかった）。その後、電話屋業がインフォーマルセクターとして機能し、グラミン銀行（NGO）が村の女性に携帯電話をレンタルして電話屋業を推進する動きも一時的にみられた。また海外出稼ぎ者を抱える家庭では、海外からの仕送りによってまず購入するのが連絡手段のための携帯電話であった。その後、携帯電話は一気に普及し、二〇〇九年に筆者が再度調査に入った際には村人の多くが携帯電話をもち、電話屋は姿を消していた。

このように、N集落は農業中心の社会であり、集落内の関係は親族体系に支えられている。プロローグで紹介した子どもたちも、多くが父系親族で繋がっている。おとなたちが田畑を耕す傍らで子どもたちが遊ぶ様子は、ある種牧歌的な風景を思わせるだろう。

しかし、現在、この風景自体がはかないものとなりつつある。先述のように、都市との往来はこの一〇年で急激に増し、海外への出稼ぎも決して珍しいことではなくなった。筆者がはじめてこの村を訪れた一九九六年、調査を始めた二〇〇〇年当時でも、子どもたちは、日本は（目にみえないから）月よりも遠いと思っていた。今やそんな話は笑い話となっている。サウジアラビア、ドバイ、マレーシア、ギリシャへと出稼ぎにでる父親と毎日のように携帯電話で話をする。日本にいる筆者のもとにも頻繁に電話がかかってくるようになった。彼らの生きている社会は、目にみえる部分もそうでない部分も、大きな変化に面している。

さらに、子どもたちの生活に直接関わる大きな変化は、学校教育の普及である。第5章で詳しく述べるが、親世代は学校に通った経験がないか、あっても一、二年である。その意味で、現在の子どもたちは「教育第一世代」である。学校は明らかに、「子どもたちのために」社会が用意する場である。学校教育が浸透すること自体が「子ども」へのまなざしに大きな変化をもたらすとともに、子どもたちもまた、学校に通うことによって親たちが経験した子ども期とは異なる経験をし、そこでの経験をもとに新たな社会に参入する可能性を帯びる。第2節で日本の子どもとバングラデシュの子どもの相違点として述べた「市場経済へのまきこまれ方」において、バングラデシュの子どもたちの状況にも変化がもたらされるようになる。しかし、教育がそうであるように、現代社会を生きるうえで、その変化を否定することはできない。この社会変動期における「子ども域」を捉えることが、子どもが育つ本質とその変化を知るうえできわめて有効と考えている。

第6節　本書の構成

本書では、「子どもの視点」をいかに捉えるかという方法論において、さまざまな取り組みをおこなっている。各章ではバングラデシュ農村社会で暮らす子どもたちの生活世界を描くとともに、その方法論的試みをも示している。

プロローグに続く序章では、本書が提示する「子ども域」の概念について、先行研究との関連から導き出すことを試みた。あわせて、調査地の概況と調査方法、ことに調査者のポジショニングについて言及した。

続く第1章と第2章では、本書が捉えようとする「子ども域」を子どもの日常生活のなかに探り、具体的記述を試みる。それは、おとなからの「子ども」へのまなざしと、行為者としての子どもの生活実態が出合うところに存在する。第1章は従来型の手法にもとづき、人びとの日常会話のなかから当該地の言語(17)での「子ども」を意味する総称を丹念に拾いながら、「子ども」という意味世界を読み解くことを目指した。第2章では、子どもたちの日常生活を形成する時空間から「子ども域」の多様性と変化を捉える。そのために用いた方法としては、各年齢層と男女別数人の一日（二四時間）を丁寧に記述し、時空間と接触する人間関係の段階的変化について分析を試みた。

第3章から第5章は、本研究が捉えようとする子どもと社会との関わりが展開される場面、すなわち交渉可能な子どもの猶予領域を顕著に捉えうる場面に着目する。第3章は子どもの遊び集団に注目し、各集団の構成員の特質と遊びの実態を記録した。本章第4節で調査者のポジショニングについて述べたが、遊びの調査ではまさに子どもの位置からの参与観察をおこなった。筆者が子どもたちとどのように近づき、子どもにとっての「遊び」を共有しながら調査をおこなったプロセスについて、説明を加えている。続く第4章は、子どもとおとなの意向がより意識的に交錯する場面として、男子割礼に着目する。後述するように、儀礼の調査においては映像による記録と表現を活用した。そして、第5章では「学校選択」を取り上げる。当該社会に新しく導入された学校が、今後どのように子どもたちの生活世界を規定していくか、その前段階で展開される交渉の過程を捉えうる場としての学校選択である。ここではとくに、子どもたちとの何気ないおしゃべりや、性別学年別に分けた非形式的グループディスカッションなどの方法をとった。親へのインタビューも、家々を訪問して非形式でおこなった。なお本書では、学校教育の中身内実については取り上げないことを断っておく。学校で学ぶことが子どもたちの知識や規範の習得に大きな影響力をもっていることは確かであるが、この点について論じるには、学校制度や教育カリキュラムと照らし合わせた議論が必要となるため、別の機会としたい。教科書分析の一部は、[塘二〇〇五]のなかでも試みている。

そして終章において、各章で捉えた子どもの主体行為とおとなたちによる子ども観を照らし合わせながら、「子ども域」の機能を再度議論する。最後にエピローグでは、子どもが子どもでなくなるということを含めた「子ども研究」の可能性について述べる。

本書には、第4章で扱う男子割礼の映像DVDを付けている。筆者は、子どもを対象としたフィールドワークにおいて映像記録が有効な手段の一つであるとみている。さらに、映像は記録するだけでなく、論文と同様に表現媒体でもある。付録のDVDに収められている映像作品が何よりそれを示すものであり、第4章を読むのとあわせてご覧いただきたい。フィールドワークにおいて映像を用い、さらにそれを映像作品として提示する試みは、日本では近年になってようやく広がりだした映像人類学の研究手法である。そのため、本書には作品とともに補講「制作ノート」を記し、子ども研究における映像活用の可能性についての一考察を収めている。

注

(1) 本書では、子どもというカテゴリーを示すときは括弧つきで「子ども」と記述し、実態としての行為者を指す場合と区別する。

（2）文化人類学における子ども研究については、［松澤、南出二〇〇二］でまとめている。

（3）たとえば、本研究に近い地域では、Seymour［1999］によるインド・オリッサでの研究や、Rohner&Chaki-Sircar［1988］によるインド・西ベンガルでの研究などがある。

（4）このシンポジウムは、同名の共同研究の総括として開催かれ、［岩田一九八五］にその全容が収められている。

（5）［斎藤、菊地一九九〇］は、心理学の立場から「社会化」の議論を体系的にまとめている。

（6）菊地はこのように指摘するものの、子どもの独自性や不連続性を社会化の議論のなかでどう捉えるかということへの明確な回答を導くには到っていない。

（7）一九九四年には「日本子ども社会学会」が設立した。同学会は、「子ども社会」を学際的に研究することを目指し、心理学、教育学、文化人類学、社会学、文学などさまざまな分野から子ども社会の内面を解明することに重点がおかれている。

（8）筆者は、二〇〇〇年二月から七月にも同村落において調査をおこなっている。調査の基盤となる住民とのラポールは、そのとき以来築かれてきたものである。

（9）以下、人口及び世帯、家屋に関するデータは全て筆者が二〇〇四年二～四月の調査で収集したものである。

（10）親族家族形態についての表記は、金［二〇〇〇：七三‐七八］を参照。ただし、「ポリバル」と「ソングサル（ショングシャル）」については、筆者は「（核）家族」と「家計」と捉えている。

（11）原忠彦［一九六九b］は、ポリバル（*Paribar*）からバングラデシュ（東パキスタン）東部チッタゴン地区のムスリム社会の構造を捉えている。

（12）元来は粘土質の土を盛って建てられる家屋が一般的であった。土造りの家屋は、夏は熱を通さないので涼しく、冬は保温効果があるので気候には適しているが、ひび割れを防ぐために頻繁に拭かなければならなかったり、数年で建て替えが必要となるので、最近ではトタンやレンガ造りに替わりつつある。

（13）ただし、年齢を記憶する習慣がないため、本人および調査者の推測によるおおよその年齢。

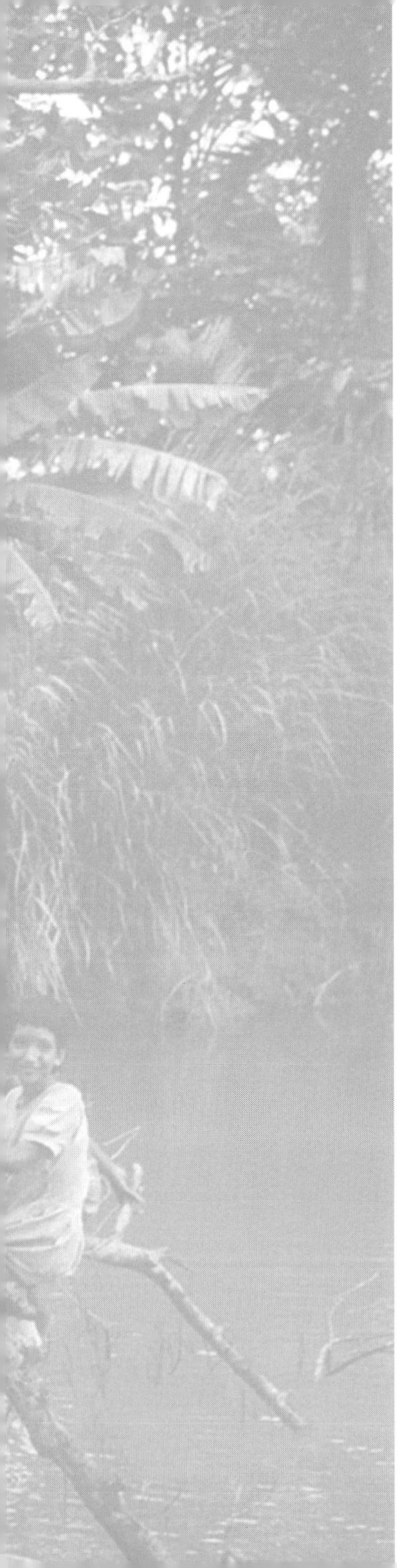

(14) 一パキ（標準語はビガ：*bigha*）＝三〇コラ（*kala*）（ショタンショ：*shatamsh*）。
一パキ＝腕尺六四〇〇平方、〇・三三エーカー。三パキ＝一エーカー（四〇四六・八平方メートル）。

(15) 小作による農業は「バキ（*baki*）」と呼ばれ、収穫は地主と小作で折半される。また、日雇い労働者は「カムラ（*kamla*）」と呼ばれて、農繁期など一時的に雇われる。

(16) 携帯電話を使った電話屋。かけるだけでなく、かかってきた電話もとりついでくれる。

(17) 当該地の言語はベンガル語であり、さらにバングラデシュ北部地域に特化された方言やイントネーションが存在する。

第1章 「子ども」とは誰か

——バングラデシュ農村社会の「子ども観」——

第1節　意味的存在としての「子ども」

「子ども」とは、その存在が自明視されたり、あるいは年齢によって明確に区切られたりするものではなく、当該社会の子ども観、つまりはおとなたちによる「子ども」認識によって、社会のなかに位置づけられる存在であることを序章で述べた。そして、子どもたちもまた、自らが「子ども」とされることをいくらか認識するなかで生活している。

「子ども」が意味的存在であり、さらには、社会の変容によって「子ども」が再構成されるという立場に立つならば、社会の文脈を抜きにして「子ども」を理解することはできない。そこで本章では、バングラデシュ農村社会における「子ども」という枠組みを確認することから始めたい。作業としては、人びとの発話のなかから「子ども」を示す表現に着目する。そのときに、それらの表現が使われる状況や文脈を読み取る必要があることはいうまでもない。総称の段階的な変化や、子どもに対して頻繁に用いられる「ブジナイ（*bhuji-nai*）」や「プラパン（*polapan*）」という言葉から、おとなたちのもつ「子ども」認識が明らかとなる。それは、開発の文脈で語られる「発展途上国のかわいそうな子どもたち」とは異なった、社会の文脈に根差して容認される「子ども」である。そのことが、次章以降に続く、行為主体としての子どもの行為が社会への関わりを築く背景として機能しているのである。

第2節　開発と子ども――「バングラデシュの『かわいそうな』子どもたち」言説――

バングラデシュ農村社会における「子ども」語りの詳細に入る前に、確認しておかなければならないことがある。それは、国際社会において語られる「最貧国バングラデシュのかわいそうな子どもたち」という語りに対する本書のスタンスである。

グローバル化による価値の共有が進む国際社会を背景に、一九八九年に採択された国連の「子どもの権利条約」は、「子ども」を捉える定義として一律に用いられるようになった。「子どもの権利条約」では、その第一条において「子ども」は一八歳以下と定義されている。そして、いかなる社会であっても無条件に認められるべき子どもの幾多の権利がそこに示される。この普遍的な「子ども」の定義とそれにもとづく権利の認定は、多様な状況におかれている「子ども」に一定の守られるべき権利を保障するうえでは大きな意味をもつ。そのことを端的に示すのが、複数の国を跨いで生きる子どもたちであろう。たとえば、両親が別々の国籍に属し別居していたとしても、その子どもは、それ自体が権利主体として、両方の親に会う権利を有する。

しかし、この条約に示された権利が世界各国で機能するには、さまざまな障害があることも事実である。たとえグローバル化とともに一定の価値観が共有されるようになっても、実態としての子どもの状況がそれだけで変わるわけではないし、個人によっても多様である。にもかかわらず、それでもなお社会は「子ども」の普遍性にとらわれがちである。「子どもの権利条約」は、「子ども」に権利主体を認めることによって、子どもたちに、当該社会の状況や個人が生きる環境に左右されない普遍的な権利のガイドラインを与える。しかし同時に、まさにこの点において、個々の社会における子どもの生活実践と、「子ども」を捉える視線との乖離という現象をさらに複雑にしているのかもしれない。

この普遍的な権利主体としての「子ども」概念が、国際協力というチャネルを通して発展途上国の子どもたちに向けられるとき、その実態的生活実践は「子ども」としてあってはならないものとみなされてしまう。いい換えれば、子どもがどの社会にも普遍的に存在するがゆえに、異なる社会において形成された「子ども」イメージが無造作に他の社会に当てはめられる。国際協力という開かれた関係を基盤におこなわれる開発実践においては、否応なく外部からの価値観が反映され、先進国の「保護されるべき子ども」のイメージにそぐわない途上国の子どもが、「かわいそうな子ども」として捉えられることが少なくない。

本書が目を向けるバングラデシュの子どもたちは、国際開発分野の事例として名高いバングラデシュがおかれる状況ゆえに、「かわいそうな子どもたち」として語られることが多い。本書の読者のなかには、「バングラデシュ農村社会の子どもたち」という副題から、そうしたイメージ期待をもって手にされた方もいるかもしれない。国際社会によるこうした価値基準が、子どもたちに教育の機会をもたらし、彼らの将来に新たな可能性をもたらしうることは確かである。本書はそれを決して否定する立場ではない。しかし、村落コミュニティが機能する社会のなかで段階を経て成長する子どもたちが、外部からの価値観によって一様に「かわいそうな子どもたち」とされてしまうことに躊躇を覚えるのも確かである。この既成概念によって理解されがちな「子ども」という存在を今一度見直し、社会の文脈に即して「子ども」を理解することを試みたい。

第３節 「子ども」認識

「子ども」というカテゴリーが時間軸に沿った一過性のものであると考えると、次に問われるのは「何歳までが子どもか」という年齢の問題である。前述のように、「子どもの権利条約」ではこの点を一八歳以下と定めている。あらゆる市民に平等に保障されるべき権利というスタンスに立てば、年齢がその基準になることも否めない。

では当該社会ではどうか。バングラデシュ農村社会では、調査当時において、誕生日を祝ったり、年齢を記憶する習慣がほとんど確認できなかった。親に子どもの年齢を尋ねると、「Aちゃんの一年後に生まれた」などという相対的な年齢把握や、「洪水の酷い年だった」などという記憶からの推測が可能なくらいである。また「祭りの日に生まれた」など特別な日でもない限り、誕生日を覚える習慣もない。政府によって出生届が推進されてはいるものの、農村では未だ定着していない。年齢を意識する習慣がないため、逆に、たとえば女子の場合「初潮を迎えたことが一二歳を意味する」というように、実態に対して年齢を後付けで決めることさえある。小学校就学年齢など法律による規定は一応あるが[1]、それが絶対的に機能するわけではない。就学については、親が子どもの成長から判断するか、各学校教師が周辺の集落を回り、就学年齢層の子どもをみつける（みた目で判断する）と、その親に学校に行かせるよう勧める。また、就学年齢に達しているかを判断する方法には、子どもが片方の手で頭上を越えて反対側の耳を触れるかどうか、つまり個人の身体的成長をもとに判断するという方法もある。ゆえに、本書では実態を記述する際の目安として子どもの年齢を記しているが、それは時間軸によって客観的に数えられた年齢ではなく、彼らのあいまいな認識と、相対的な関係から筆者が割り出したものである。

そもそも年齢による基準が機能しない状況は、「子どもが育つ」本質において二つのことを意味する。一つは、子どもの成長は、個々に速度が異なるのが当然であるため、個人に与えられた能力速度によって段階的に成長すればよい、ということである。この点は、序章で述べた原忠彦による「個人の自主独立性」の指摘にも重なる。もう一点は、子どもの成長を判断する基準が、客観的なものでなく主観的なものとして示されるということである。この主観的判断は、子ども本人と、その子どもをとりまく関係者の認識によってなされ、両者の判断が合致したものとならなければならない。どちらが先かという点は議論をよぶが、その交渉を検証することも、子どもと社会の関わりを知るうえで重要となる。

では、当該社会の人びとが「子ども」という存在をどのように認識しているのかを捉えるために、「子ども」を示す語彙に着目してみたい。「子ども」という言葉は、人生の一段階を指すときと、親子関係にもとづく「子」を意味するときの両方がある。後者の場合は、その個人が成人しても親と子の位置づけは保たれる。本書がおもに対象とするのは前者の一過性の「子ども」であるが、両者が多くの言語で重なり合うのは現地ベンガル語も同様である。同時に当該社会には地域特有の方言があり、「子ども」を示す言葉にも方言が多く用いられている。

表1‐1は、筆者が子どもとともに行動するなかで、子どもたちが他者から呼ばれる呼称（terms of

表 1-1：「子ども」を意味する言葉

語彙	呼称	名称	意味、使われる状況
ギャンダ *gyanda*	×	○	赤ん坊を示す。
ピッチ *pitche*	○	○	「小さい」の意。我が子や近所の子ども（特に幼児）など特定の子どもに対して愛着をもって呼ぶ、指す。
バブ *babu*	○	○	「ピッチ」と同様に使われる。
バッチャ *baccha*	△	○	「子ども」一般を示すが、名称として用いる場合は比較的幼い子どもを指すことが多い。
プナイ *punai*	○	○	「バッチャ」と同意。当該地域では最もよく聞く。方言。「バッチャ」は動植物の子どもも含むのに対して「プナイ」は人間の子どものみ。動植物の子どもには「サナ」。
チェレメェ *chelemeye*	△	○	小学生くらいの児童を総じて指す時に「チェレメェ」と使う。「チェレ」「メェ」と分けて使う場合は「男子」「女子」をそれぞれ示し、青年層まで幅広い。
プラプリ *polapoli*	△	○	主に親子関係に用い、「プラ（息子）」「プリ（娘）」と分けて使うことが多い。成人になっても使われる。
クカクキ *khokakhuki*	×	○	幼児に対して使われる文語。クカが男子、クキが女子。詩やおはなしのなかでよく使われる。
バロックバリカ *balakbalika*	×	○	チェレメェの文語。バロックが男子、バリカが女子。本や教科書、公文書等で使われる。
シシュ *shishu*	×	○	「児童」を示す。本や教科書、公文書等でも使われる。
ションタン *santan*	×	○	詩やおはなしのなかでよく使われる。
チャオワル *chaoyal*	×	○	詩やおはなしのなかでよく使われる。
プラパン *polapan*	△	○	「プラ（息子）」の派生語であるが、「プラ」は成人になっても使われるのに対し、「プラパン」は子ども期のみ。「ブジナイ（分かっていない）」と同義的に使われる。

出典：調査にもとづき筆者作成

address）と、おとなたちが会話のなかで用いる名称（terms of reference）を捉えたものである。無論、収集した語彙には調査者のポジショニングや調査時の状況が大いに影響しているものと思われる[2]。

これら各語彙の使い分けには、子どもの行為やおとなと子どもの関係の緩やかな変化を捉えることができる。以下、いくつかの語彙の対象を追ってみたい。

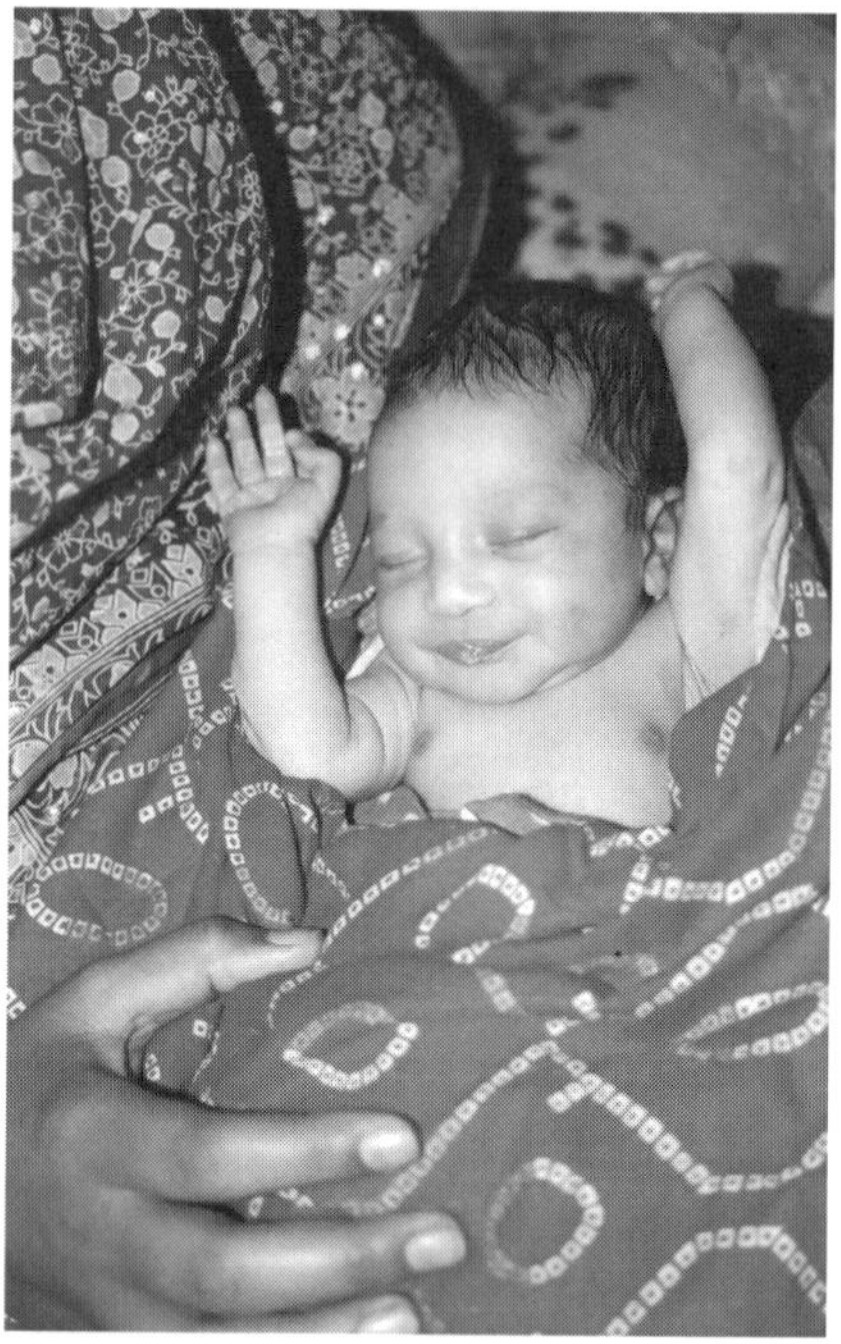

写真 1-1：「ギャンダ」
出典：筆者撮影

まず、母親や母親に準じる保護者と常に密な関係にある乳児期の子どもには、「ギャンダ」という言葉をよく耳にする。生後すぐから母乳を離れる二歳半頃までが対象となる。呼称として使われることはない。「ギャンダ」は当該地域の方言であるが、それとまったく同じ年齢幅に使われる標準語はない。標準語では乳児には「シシュ」や「バッチャ」を用いるが、いずれも「ギャンダ」より対象年齢の幅が広い。

常に母親に密着していた時期を脱し、子ども同士の接触をもつようになる子どもたちに対しては「プナイ」と呼ぶようになる。プロローグで紹介した子どもたちである。ギャンダは子ども同士で活動することはないが、プナイは子ども同士の接触をもつようになり、四、五人で一緒にいるところをよくみかける。こうした四、五人の子ども集団に対して「プナイ」と呼称することもある。たとえば、彼ら彼女らがふざけているところに、身近なおとなが「こら、プナイ！」とか「プナイは邪魔、あっちに行きなさい！」などと咎める。おとなだけでなく、年上の子どもたちからも「プナイ」と呼ばれることがある。おとなたちは、仕事中はプナイたちに構わないが、常に目の届く範囲にいる。

写真 1-2：「プナイ」たち
出典：筆者撮影

さらに成長するにつれて、子どもたちは意識的な集団を形成するようになる。[3] そうした子どもたちを表現する名称は、「プナイ」から「チェレメェ」へと変化する。「チェレ」は男子を意味し、「メェ」は女子を意味するが、総じて「チェレメェ」ということもある。とくに学校では子どもたちのことを「チェレメェ」と表現することが多い。次第に男女の行動差があらわれ、集団遊びにおいても女男が別集団を形成するようになる。そのため、女子だけでいるときには「メェラ（複数形）」、男子だけを指すときには「チェレラ」という。つまり、この時期から「子ども」に対する男女の識別がはっきりと示されるようになる。それぞれに家庭での手伝いも徐々に課されるようになるが、まだそれほど家事や仕事を期待されてはいないため、子ども同士で集団を形成して遊ぶ時間は十分に確保され、総じて「チェレメェ」「チェレラ」「メェラ」と呼ばれることも多い。

写真 1-3：「チェレ（ラ）」
出典：筆者撮影

写真 1-4：「メェ（ラ）」
出典：筆者撮影

子どもたちの家庭での役割が増すと、子ども同士で自発的に群がることが少なくなる。子どもたちには集団を形成する姿がほとんどみられなくなるため、必然的に、総じて呼ばれることもなくなり、個別に「チェレ」「メェ」と呼ばれる。「若者」に相当する言葉もない。その背景には、そもそも青年期にあたる時期はきわめて短いか無いに等しい状況が関係している。一四、一五歳になれば、女子の場合は結婚する者も多く、男子も経済活動に従事したり、家業の農業を担ったりする。すなわち、各々がそれぞれ異なった状況におかれ、それまでのように共通の単位では捉えることができなくなる。

他にも「子ども」を示す総称は、表１‐１に示すように、文語表現も含めると数多く存在する。それぞれにニュアンスをもち、各表現が「子ども」に対するさまざまなイメージを含む。ここでは、その対象が確認できる、日常生活のなかで頻繁に耳にするものを取り上げた。普遍的な時間軸を基準とした年齢規定によるものではなく、各々の立場や行動、集団の様子から見分け、段階的な「子ども」を認識していることがわかる。

第４節 「ブジナイ」子どもたち

当該社会の子どもたちに対して用いられるもう一種の重要なタームに、「ブジナイ」や「プラパン」という言葉がある。プロローグでも述べた、「子どもはわからないから仕方がない」という認識を示す言葉である。この「ブジナイ」や「プラパン」こそが、当該社会の「子ども」への特別視、つまり「子ども観」を示しているものと、筆者は考えている(4)。

ギャンダ ＝常に母親との密な行動。生後すぐから母乳を離れる２歳半頃まで。

↓

プナイ ＝常に母親と共にいる時期を脱し、子ども同士の接触を持つ。4、５人で一緒にいる子どもたちに対して総じて「プナイ」と呼ぶ。おとなたちは仕事をしている間はプナイたちには構わないが、プナイの目の届く範囲にいる。

↓

チェレメェ ＝男女の行動差が次第に表れる。女子の行動範囲は集落内に留まるが、男子の行動範囲は村外にも拡がるため、この頃から母親が男子の行動を全て把握できなくなる。家での手伝いが徐々に課されるようになる。しかし、まだそれほど当てにはされておらず、子ども同士で遊ぶ時間が多い。

↓

チェレ／メェ ＝明確な役割が求められる。結婚や仕事で、じきに子ども期の終焉を迎える。

プラパン（ブジナイ） ＝未熟、わかっていない。生活上の役割があいまい、当てにならない。

図 1-1：段階的に使い分けられる「子ども」表現
出典：調査にもとづき筆者作成

「ブジナイ」という言葉は、「ブジ（*bhuji*：理解する、わかる）」と「ナイ（*nai*：否定）」から成る。おとなたちは「子どもはブジナイ（わからない）から仕方がない」といって、子どもに対しておとなの社会規範や役割期待からの猶予を与える。また、「プラパン」とは、息子を示す「プラ」の派生語で「子ども」一般を意味するが、とくに「未熟である」という意味合いを含んで使われることが多く、「ブジナイ」と同義的に使われる。たとえば、おとなの意にそぐわない子どもの行為に対して「プラパンだから許してあげて」とか「まったくプラパンのやることだよ」などという。

そもそも当該社会の「ブジ」の概念には、各立場にもとづいた「程よい度合い」が存在する。それゆえ、立場以上に理解していたり、あるいはそれを言葉に発したり、主張したりすれば、「ベシブジ（*beshi-bhuji*：わかり過ぎる）」といって批判の対象となる。つまり「ブジ」と「ブジナイ」は相関関係を成しながら、実質的な「わからない」という意味とは別に、その度合いが社会におけるポジションを示している。「ブジナイ」と「ブジ」をめぐる社会的位置関係は、子どもや年齢に限らず、ジェンダー関係や、ときには社会的階層などにも用いられる。その意味では、「ブジナイ」こそ、当該社会の子ども観を示しているという筆者の主張は矛盾しているようにもみえる。しかし、「子ども」というのが一過性の未成熟期にあるという前提に立ち、そうした未成熟な人間に対してどのように接するかという点では、「ブジナイ」が「子ども」に象徴的な駆け引きとして使われていると判断することができるのである。

子どもたちは、この「ブジナイ」「プラパン」とされる立場に、限定付きのある種の自由を得る。そして、子どもの段階的変化のプロセスは、「ブジナイ」の状態から次第に「程よいブジ」を得て、役割期待が課される存在になっていく過程でもある。ギャンダ、プナイ、チェレメェでは、それぞれ要求される「ブジ」のレベルは異なる。そして、「ブジ」を得るにつれて、彼らは同時に「ブジナイ」として許されていた自由を失う。つまり「ブジナイ」として猶予される自由は一過性のもので、その領域は決して一様ではない。

これら解釈を図式化すると、図1-1のようになる。この段階的な認識の変化や「子ども」に与えられた一過性の猶予領域のなかで、子どもたちは生活世界を築き、徐々に関係や行為を規定していく。子どもたちの行為とおとなからの認識の重なりは、おとな社会と子どもの近しさをあらわし、子どもが「社会のなかで生きている」ことをあらわしている。

注

（1）法律上の小学校就学年齢は六—一〇歳とされている［Jalaluddin1997：37］。

（2）バングラデシュ・ムスリム社会のベンガル語の語彙への注目からライフサイクルを捉えた研究に、高田［一九九八b］がある。高田の研究では、M.H.Rahamn［1993］の文献にもとづいて、人生における年齢区分を示す言葉と、それら語彙のニュアンスから、人びとの人生観や、さらにその男女の相違を捉えようとしている。そこで紹介されている語彙と筆者が調査のなかで捉えた語彙は、重なるものもあれば、ずれるものもある。その理由は、地域差が大きいことに加えて、本書においてはライフサイクル（加齢）の一部である「子ども」に限定し、その内側に注目したこと、また、どちらかといえば呼称（terms of address）に重きをおいて、関係性のなかで用いられる語彙を重視したからと思われる。

（3）プナイも集団遊びをするが、構成員は意識的に選別されるわけではない。

（4）バングラデシュ首都ダッカの児童労働を対象に人類学的調査をおこなったBlanchet［1996］は、「ブジナイ」をinnocenceと捉え、その対極にノスト（*noshto*：spoiled）を捉えている。これは、児童売春という特別な状況下ゆえであり、「ブジナイ（わからない）」が「ブジ（理解できる）」になったからといって「ノスト」には通常ならない。

第2章 日常生活の「子ども域」

第1節　子どもの日常実践を捉える

第1章で捉えたバングラデシュ農村社会の「子ども観」からは、おとなたちは「子ども」を猶予をもってみながら、同時にその成長を段階的に識別していることが明らかになった。しかし、実態としての子どもの行為に沿ってそれをおとなたちが認識しているのか、あるいは、おとなたちの認識が先にあるのかはまだ明らかになっていない。あるいは、各段階の「子ども」の様子を筆者なりの視点から説明したが、そこにどのくらい筆者によるバイアスが掛かっているのかと疑問をもたれるかもしれない。そこで、本章では、子どもたちの日常生活の時空を詳細に捉え、実態としての「子ども域」を描き出してみたい。

子どもの日常生活全般を捉え、子どもの生活世界がどのように形成されているかを詳細に記述した研究は、筆者の知る限り、バングラデシュはもとより、それ以外でもほとんどみられない。エスノメソドロジー研究では、家庭や教室の一室など生活の一場面を切り取って、そこで繰り広げられる相互行為を観察記述する方法がしばしば用いられる［清矢一九九四など］。この手法は、親子やきょうだい、友人関係など、ある特定の人間関係のあり方を捉えるには有効だが、それぞれの関係や行為の背景を捉えるには限界がある。

そこで筆者は、子どもの生活世界を包括的に捉えるために、数人の子どもの行動を、排泄に要する時間から「ぼーっとする」時間まで、一日二四時間を詳細に記録することを試みた（八三頁資料2－1）。対象としたのは、前章でとりあげた、プナイ（六歳女子）、チェレメェ（九歳男子と一〇歳女子）、チェレ（一六歳男子）、メェ

（一八歳女子）、に相当する子どもたちである。インフォーマントの子どもたちはみなN集落の同じバリ内で生活する父系親族関係にあり、年齢や性別間での行動範囲や対人関係の差を比較しやすい。さらなる比較のために、隣村（R村）の家に住み込みで働く九歳女子についても同様の調査をおこなった。筆者がその日の行動を詳細に記録することは本人に告げず、できるだけ普段どおりの生活を捉えることを心掛けた。記録は筆者が毎日目にしていた様子と大差はない。この調査には、ケースのもつ特殊性の課題が残ることは否めない。複数の子どもを対象に、より多くのケースを集めることで、その問題をいくらか回避できるのかもしれないが、それには調査の限界があること、また筆者は、普遍性を追求するよりむしろ、そこに示される特殊性と象徴性、その意味を解明することの方が、彼らの生活世界をより鮮明に捉えうるものと考えている。

第２節　日常生活二四時間の記録

まずはインフォーマントの子どもたちの家庭背景について簡単に述べておきたい。子どもたちの住むバリは図０‐４の６‐２、家屋は52と55に該当する。バリは通常、父系親族の最小血縁関係にあることが多いが、このバリは多少変則的で、52、53、54は最小血縁関係にあるが、55と50は父系親族ではあるが最小血縁関係ではない。逆に51はそれに相当するが、隣のバリ（６‐１）に家屋を構えている。図２‐１はその関係を示している。

このバリが属する家系は、N集落で確認できる一一の父系集団のうち、この地で五代前まで遡って捉えう

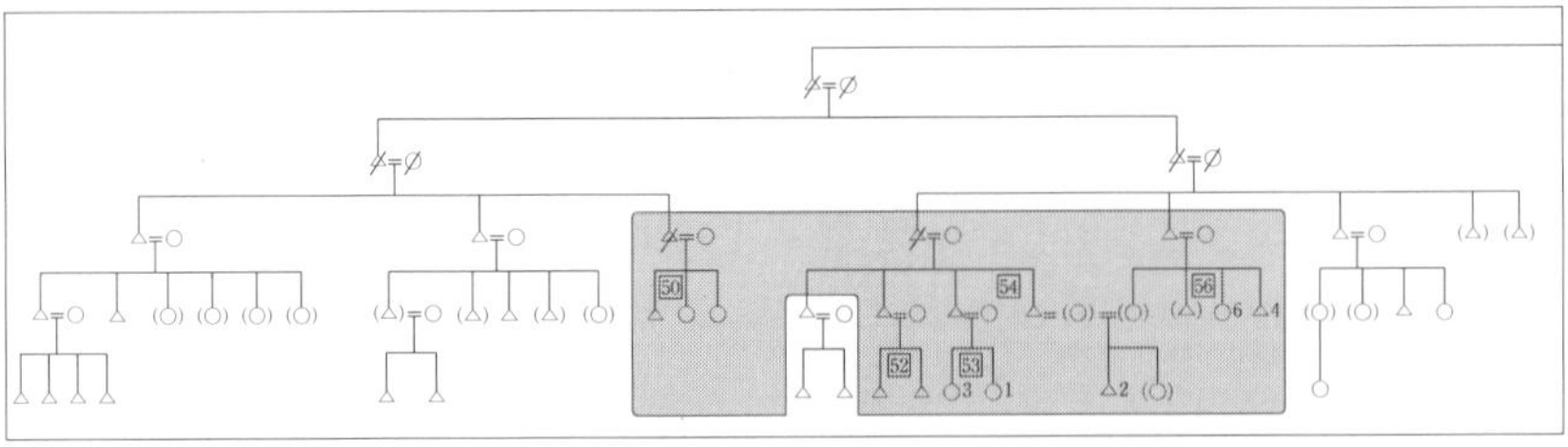

図2-1：日常生活を追った子どもたちが住むバリの親族図
出典：2004年の調査をもとに筆者作成
（注）（　）が付いているのは現在N集落に住んでいない者

る最も大きな集団である。四つのバリに分かれていて、一二の家屋、一九の核家族で構成されている。同家系内にはサウジアラビアに出稼ぎに行っている者が五人おり、その者たちが属するバリでは新たな土地を購入するなど近年急激な経済成長がみられる。しかし同じ家系内であっても、バリが異なればその経済的恩恵や影響はほとんど受けない。調査対象の子どもたちのバリは、人を雇うこともなければ雇われて働くこともなく、自らの土地を耕して自給生活を維持し、余剰農作物を市場で売るくらいである。この点において、N集落内の標準的な生活状況にあるといえる。

対象としたのは、家族番号52の姉妹パプリ（図2-1の3）とパピア（1）、55の姉弟シャンティ（5）とシムル（4）、55から婚出した長女の息子オプ（2）である。シャンティとオプは母方叔母と甥、シムルとオプも母方叔父と甥の関係にある。また、パプリとパピアからみてシャンティとシムルは父方叔母叔父であり、オプは又従兄弟である。

(1)　プナイ（六歳女子）パピア

パピアは父母と姉の四人家族。[1] 父は専業農夫で、二パキの土地を所有し、二一・五パキの土地を担保として預かり耕している。[2] おもに稲作をし、余剰を売ることもある。母は主婦で、家事と農業に従事している。パピアと姉のパプリとは四歳違いである。パピアはプロローグで紹介した筆者の「ショイ」である。

パピアの一日は、早朝のコーラン学校[3]から始まる。コーラン学校は、家のすぐ傍にあるモスク（図0－4参照）で朝六時半か七時頃[4]から約一時間おこなわれる。モスクは家からみえる距離にあるので、朝から子どもたちが集まっていればパピアも行くが、寝坊したり気が向かないときには休む。休んだからといって両親や教師が咎めることはない。たいていは姉のパプリについていく。

コーラン学校から戻ると、朝ご飯を食べて、八時半頃に学校へ行く。パピアは調査当時、N1校の幼児科に通い、ベンガル語と英語と算数を学んでいた。N1校を運営するNGOの方針として、幼児科のクラスは学校に慣れるためのものであり、歌やゲームを頻繁に取り入れている。幼児科は基本的に一年間であるが、まだ小学一年生に上がるには満たないと判断されると、もう一年幼児科に留まることもしばしばある。パピアも調査当時は幼児科二年目であった。学校には同じバリの従弟や、西隣のバリに住む友人と一緒に通っている。彼らは日常的な遊び仲間でもある。

学校は一時間半で終わり、帰宅するとその後は、食事や水浴びなどの時間を除けば、大半が自由な時間である。母親につきまとうこともあれば、近所のプナイたちと遊ぶことも多い。遊ぶ範囲は基本的にバリ周辺で、母親の目が届かない距離に行くことはほとんどない。資料2－1をみれば、明確な規則遊びとして捉えられるのは「ままごと」くらいで、あとは「ぶらぶらする」「ヤギを追い掛け回す」「走り回る」など枠組みの不明瞭な遊びが多い。また、姉のパプリがパピアの面倒をみることもしばしばあり、パピアの食事を用意したり、服を着替えさせたり、髪を梳かしたりする。一緒に遊ぶことも多い。

日が暮れる頃から夕食までの間が、家族が集まって過ごす時間となる。父親が子どもと接する頻度は家によってかなり異なるが、パピアの父親は子どもも好きで、パピアをとてもかわいがっている様子であった。食事を一緒にとったり、夜には勉強をみたりする。パピアの父親は学校に通った経験はないが、文字や数字を読んだり日常生活で使う程度の計算には支障がない。パピアの勉強も、興味半分にみて教える姿を目にする。夕食は、家族四人が一緒に食べる。夜は、パピアを挟んで父母と川の字になって寝る。姉のパプリは、同じバリの別家屋に住む父方祖母と一緒に寝る。

また、パピアは頻繁に母方バリに行く。母はN集落から北へ約二キロメートル離れたブラフマプトラ川の中州村の出身で、実家には両親と弟と妹が住んでいる。弟は学生で、妹もまだ結婚していない。母の弟、つまりパピアの母方叔父が、パピアの家を訪れて泊まっていくこともある。パピアも母の里帰りの際には必ずついていくし、そのまま数日滞在することもしばしばある。母方祖母や叔父が来てパピアだけが一緒についていくこともある。二〇〇五年八月に調査地を訪れたときには、パピアは妹の誕生後、母方バリで生活する方が多くなっていた。母親が乳児の妹に手がかかることや、母方バリには叔父や叔母がいてパピアの勉強もみてくれるからだとパピアの父親はいっていた。

(2) チェレメェ(九歳男子)オプ

すでに述べたとおり、オプにとってN集落は母方バリである。父母と四歳の妹は、N集落から南東方向に約四キロメートル離れた村に住んでいる。父親は家から近い市場で小規模な生活雑貨店を営んでいる。オプが生活する母方バリには、母方祖父母と、母方叔母と叔父が住んでいる。もう一人の母方叔父はダッカで単身働いている。母方祖父は三・五パキの土地と一・五パキのボンドックの土地を所有する専業農夫である。常時牛二頭とヤギ二匹も飼っている。祖父母は近辺では働き者との評判である。

パピア同様オプも、朝は近くのモスクでおこなわれるコーラン学校に行くが、この日は途中で祖父に呼び戻され、叔父と一緒に約一・二キロメートル離れた村にヤギを届けにいった。叔母のシャンティの縁談のためであった。手伝いから戻るとコーラン学校に再び行き、戻ると朝食をとって、その後は部屋で勉強したり、家族と一緒にのんびり過ごす。資料2-1をみれば、一日を通して「ぶらぶらする」「ぼーっとする」「人の様子を眺めている」などの時間が多いことがわかる。ぶらぶらする場所は、バリ周辺や池の畔である。

オプは当時小学四年生で、もう一人のインフォーマントであるパプリと同じクラスに通っていた。三年生から五年生の授業は一二時二〇分から一六時までであるが、多くの子どもたちは、授業が始まる三〇分から一時間前に学校に来て校庭で遊ぶ。オプは、バリから学校まで一分で行けるので、一一時頃に学校に行き、友だちがいれば遊ぶし、いなければ家に帰ってきたり、近所の友だちと遊ぶ。この日はバリ近辺の子どもやおとなとの接触が大半であったが、普段は同集落内に住む同学年の友人らと一緒に遊ぶことも多い。オプは比較的おとなしく穏やかな性格で、小さい子どもたちや、同バリのパプリ、隣バリの女子らと一緒に遊ぶこともある。

オプのように、母方バリで生活する子どもは当該社会では決してめずらしくない。母方バリとしてN集落で暮らす子どもは一〇人いる。その理由はさまざまだが、オプの場合、実家の近くに学校がなく、母方バリは傍にN1校があることが理由だ。「子どもがいると楽しいから」という理由で孫を引き取って生活する家もある。一般に、母方バリで暮らす子どもは、父母のいる実家で暮らすより自由度が増す。祖父母が孫に家事を命じることは比較的少ないし、また、たいていの場合きょうだいのうちの一人だけが母方バリで暮らすので、その結果、弟妹の面倒をみる必要もない。同年齢層のパプリと比べてもオプの手伝い時間は少ない。これは性差にもよるが、同時に立場の違いでもある。しかしオプの場合、働き者の祖父母はオプに牛の世話などを命じることもあるし、また、勉強をさぼったり、きちんと食事を食べなかったりすると、厳しく叱られる。オプの祖母は「オプがここで生活して堕落しては困る」という。

また、オプは祖父や叔父と一緒にR村の市場に行くこともある。同じバリの同年齢の男子は一人で市場に行くこともあるが、オプは一人で行くことはない。男子二人で一緒に行くことはある。

(3) チェレメェ（一〇歳女子）パプリ

パプリは前述のパピアの姉である。したがって家族背景についてはパピアと同じである。

この日、パプリは朝から母の新しいサリーを着てコーラン学校に行った。普段はワンピースを着ているが、前日に親族から婚礼祝儀として母宛にサリーが贈られてきたため、パプリは「サリーごっこ遊び」に着てみて、そのままコーラン学校に行った。こうしたサリーごっこは、家に新しいサリーが届いたときには女の子の間でよくおこなわれる。(5) 一日中着ているわけではなく、飽きればすぐに着替える。サリー以外にも、カジョル（*kajal*）と呼ばれるアイラインや、アルタ（*alta*）という足紅など、化粧をして遊ぶ姿をよくみかける。

パプリの年頃になると、水汲みや食事の用意など、母の手伝いをすることが増える。パプリは長女で、妹の面倒もよくみている。調査日のうち、遊びや勉強時間も含めて、妹のパピアと場を共有した時間は一六六分（二時間四六分）あった。

パプリの行動範囲はバリ周辺が中心で、一緒に遊んだり話したりぶらぶらする相手も、隣バリの同年齢層の女子たち、あるいは同じバリに住む年上の女子シャンティらである。年下の子どもを相手に遊ぶこともある。さらに、バリ内や隣バリの母以外の女性との接触も多い。行動範囲が限られている分、交わる年齢層に開きがあり、その点は同年齢の友人と遊ぶことの多いオプとは対照的である。筆者が観察のためにパプリとオプを追いかけていても、パプリの方がバリ内に留まっている時間が長く、観察するのが容易であった。

パプリは、夜は同じバリの別家屋に住む父方祖母と一緒に寝る。パプリとパピアと父母で暮らす家屋にはベッドが一つしかなく、四人が一緒に寝るには手狭であること、また、祖父はすでに亡くなっていて、祖母は末息子と同じ家屋に住んでいるものの一緒に寝るわけではないので一人である。村の生活では、ベッドで一人で寝る女性はどの家でもほとんどみかけない。筆者が一人で寝ているというと、寂しくないか、怖くはないか、などと聞かれる。たとえベッドが余っていても誰かと共有するのが一般的なので、パプリの場合も、祖母にとってはパプリがその役割を果たしている。

(4) チェレ（一六歳男子）シムル

シムルは前述のオプの母方叔父である。四人きょうだいの末子で、婚出した長姉（オプの母）とダッカで働いている長兄を除き、父母と次姉（シャンティ）との四人家族に加えてオプがともに暮らしている。

シムルとシャンティは一九九二年に設立されたN1校の第一期生であるが、シムルは小学五年時に数ヵ月の入院を要する病気を煩い、姉より卒業が一年遅れた。小学校卒業後はR村にある公立中学校に通い、調査の前年（二〇〇三年）に一〇年生を卒業、この年の三月にSSC試験[6]を受験したが不合格で、翌年再受験するためにコーチングセンター[7]に通っている。学校は午前九時から一時間ほどで、学校から戻ると多くの時間を家の仕事に費やす。牛の世話や農作業など、父と一緒に働く。この日は夕方に、畑で採れた野菜をR村の市場に自ら露店を出して売った。父が市場で野菜を売ることはほとんどなく、野菜売りはシムルの仕事である。売る野菜はその日によって異なり、いつもあるわけではない。この日得られた収入は、帰宅と同時に母の手に渡された。シムルの仕事時間は一日の五時間以上を占める。夜や早朝には勉強する姿もみられ、その時間も約五時間にわたった。

父は近くのモスクでアザーン（*ajan*）を唱えるムアッジン（*moyajjin*）を務める。シムルは、必ずしも一日五回の祈りを実践してはいないが、仕事を終えた日没と就寝前の礼拝にはほぼ毎日モスクに行く。金曜日には昼の礼拝にも参加する。

自由時間には積極的遊びは少なく、「ぼーっとする」「誰かと話す」など休憩要素が多い。学校や市場では他村の若者との接触もある。集落内では、同じバリや隣バリの同年齢層の男子たちと交わることが多い。農閑期には彼らと一緒に盤ゲームやクリケットをする姿をみかけることもある。

(5) メェ（一八歳女子）シャンティ

シャンティはシムルの姉、オプの母方叔母である。

前述のように、彼女もN1校の一期生で、小学校卒業後R村の公立中学校に通い、前年とこの年の二度SSC試験を受験するが、いずれも不合格だった。三月の受験まではシムルと同じコーチングセンターに通っていたが、受験後は行くのを辞めた。明言はしていないが、おそらく勉強を続けるのを諦めたのだろう。彼女の両親は、勉強を続ける限り結婚させるのを留まっていたが、調査当時、彼女の結婚相手を探していた。この約一ヵ月後にはR村の男性と結婚して婚出した。N1校一期生女子一五人のなかで、彼女の結婚が最後だった。

シャンティの仕事の時間はシムルよりさらに多く、七時間半を越える。その大半は、三度の食事の準備や裁縫など母との分業家事である。学校に通ったり外で働いたりしているわけではないので、家事手伝いが彼女の日常の中心を占める。自由行動は、シムル同様、積極的な遊びではなく、「ぶらぶらする」「ぼーっとする」「誰かと話す」など休憩の要素が多い。この日は母方従妹が遊びにきていたので、従妹と話す時間もあった。

シャンティが日常生活で接する相手は、ほとんどが同じバリに住む家族親族だけである。行動範囲も、集落内にある畑に野菜を採りにいった以外は、バリからバリ周辺の池の畔までであった。北隣バリに住んでいた女子とは同年齢で仲がよく頻繁に遊んでいたが、前年に婚出したため、里帰りしたときに会うくらいである。婚出した友人を訪問することはまずない。

以上、五人の子どもたちの一日の生活時間からは、年齢をおうごとに家庭での役割が課され、その内容も男女によって異なることがわかる。しかし、その違いは単に年齢と性別によるだけではないことを、九歳女子で他家に住み込みで働くゴラピの例からみてみよう。

(6)　使用人として住み込みで働く九歳の女子：ゴラピ

ゴラピは、筆者が滞在していたR村の家で約一ヵ月前から使用人として住み込みで働いている。この家が彼女を雇ったのは、次女の子ども（一歳男児）の子守を要したためである。

ゴラピはR村から南へ約三キロメートル離れた村の出身。父は彼女の生後すぐ別の女性と結婚し、母とゴラピは家を追い出されて母の実家で暮らすようになった。バングラデシュのムスリム社会では、慣習法によって男性は四人まで妻を迎えることができるとされており、ケースは多くはないが二人以上との重婚がある。複数の妻をもつ場合、夫は各妻とその子どもたちを平等に養うことが義務とされているが、ゴラピの場合、父は母と離婚。母方バリに移り住んだ後、母も別の男性と再婚し、ゴラピを実家に残して婚出した。その結果、ゴラピは母方祖父母に育てられた。母方バリから学校に通い、四年生まで修了したという。R村には母方祖母に連れてこられた。ゴラピの母は彼女をダッカに働きに出そうとしたが、祖母が反対し、ちょうど使用人を探していたこの家に連れてこられた。彼女の仕事に対する報酬は、最初に彼女の祖母に渡され、その後も定期的に祖母が取りにくる。その額を筆者は把握していない。彼女が働き出して約一週間後に母が連れ戻しにきたが、翌日にはまた戻ってきた。しかし、調査の約三ヵ月後には再度母親が来て連れていった。

ゴラピの仕事時間は二四時間のうち、実に一二時間半にのぼる。この家には五〇代後半の夫婦とその子ども七人、夫の姉夫婦（七〇から八〇代）が一緒に暮らしている。七人の子どものうち長男は海外に出稼ぎに出ており、次男は本調査の数週間後に結婚して妻を迎えている。娘二人は婚出し、三男と四男、末子の三女がこの家に残っている。皆ゴラピより年上なので、各々から手伝いを命じられる。R村内に婚出した次女が子どもを連れて頻繁に実家を訪れて宿泊するため、ゴラピはその子どもの子守をすることが多い。彼女のここでの生活は、仕事が多いこと以外はここの家族とほぼ同様の生活をしている。この家では家族が多いため食事は交代でとるが、ゴラピも比較的あとの方にこの家の妻と一緒に食べる。就寝も妻か末子の三女と同じ部屋で寝る。仕事の合間には、家族の会話を横で聞いていたり、一緒にテレビをみたり、娘たちがやっている刺繍を一緒に習うなどが、彼女の自由行動であった。また、ゴラピはこの家の妻に対して母方祖母を示す「ナニ（*nani*）」と呼び、娘たちに対しても母方オバを示す「カラ（*khala*）」と呼ぶ。これは彼女が世話をする次女の男児と同等の立場からの擬似的呼称であり、最初にこの家に来たときにそう呼ぶようにいわれたという。

このように、年齢層や性別だけでなく、立場によっても、各子どもの日常生活は、同じ場を共有していても明らかに異なる。そこには前章で捉えたおとなの子どもに対する段階的な認識に加えて、期待役割の違いが示されている。彼らの一日の行動を大まかに分類すると、食事や睡眠、排泄などの「生理活動」、「学校」で過ごす時間、遊びなど自らの「自由行動」、そして仕事や手伝いなどの「仕事時間」に分けられる。これらの行為分類をもとにその拘束時間、場所が、年齢層や性別、立場によってどのように異なるのかを比較し、それぞれの活動からみえる子どもの位置づけを検討してみたい。

第３節　行動の変化

子どもたちの各行為を、「生理活動」「自由行動」「学校」「勉強」「手伝いや仕事」に分類し、それぞれの拘束時間を比較すると、表２‐１のようになる。

生理活動は、パピアの睡眠時間が他の子どもより長いために多少長いが、どの子どもも一日の四割から五割を占める。筆者が観察する限り、彼らの生理活動は、排泄は当然のことながら、水浴びや食事の時間も厳

表 2-1：日常生活における行為分類別拘束時間の比較

行為分類	パピア（6 歳女子）	オプ（9 歳男子）	パプリ（10 歳女子）	シムル（16 歳男子）	シャンティ（18 歳女子）	ゴラピ（使用人）
生理活動	758	622	640	613	682	573
手伝い / 仕事	22	61	140	317	459	751
学校	145	243	289	102	0	0
勉強	56	172	90	318	0	0
自由行動	459	342	281	90	299	116

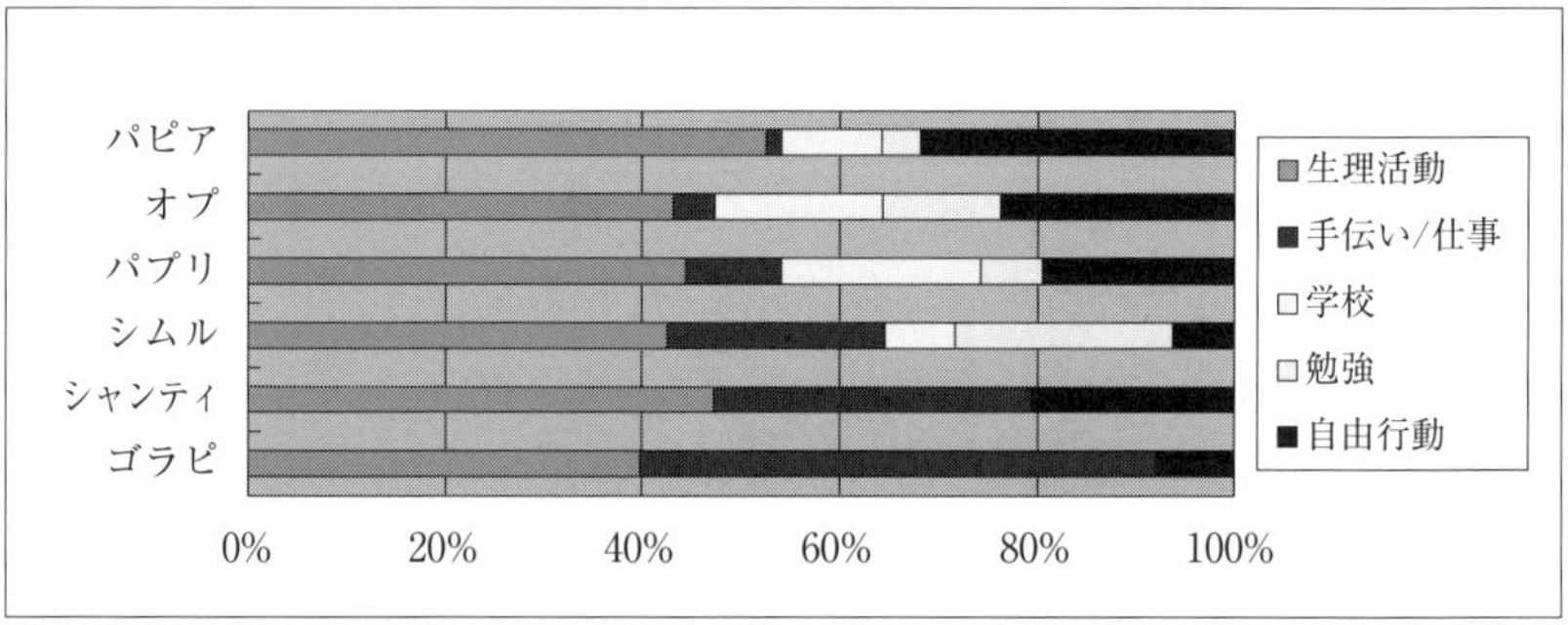

出典：資料 2-1 の調査をもとに筆者作成

しく管理されているわけではない。朝食や昼食は家族が揃って食べることはなく、学校の時間も関係するため、各々が自らの都合に合わせて食べる。それに対して夕食は家族が揃って食べることが多い。たいていの家庭では夕食は就寝前にとるのが習慣なので、食事が済むと間もなく就寝する。つまり夕食と就寝は自然と一連の生理活動を成し、親が子どもに「もう寝なさい」などと指示することは少ない。

　このように、子どもの生理活動は必須の時間ではあるが厳しく管理されてはいない。

　子ども間で顕著な違いがみられるのは手伝いや仕事に従事する時間である。六歳のパピアは二二分間に過ぎず、その内容も、母の傍で半ば遊びで農作業を一緒にした程度である。それに対して姉パプリは、合計二時間二〇分の間、料理や水汲みなど母親から手伝いを命じられておこなっている。妹の面倒をみることも多い。その点、同学年のオプの仕事時間はパプリの半分にも満たない。前述のとおりN集落はオプにとって母方バリであり、きょうだいが一緒に住んでいないことや、シャンティやシムルら叔父叔母がいるので、ほとんど仕事が課されない。一方、シムルやシャンティは、生活時間のかなりの部分が手伝い仕事によって占められている。シャンティの場合は家事手伝いが彼女の生活の中心であり、シムルも、勉強はむしろ仕事のない夜の時間にするなど、仕事中心の生活である。この頃になると、家庭のなかで明確な役割を担うようになる。参考までに、隣のバリに住む一三歳（七年生）の女子による自己申告での生活時間記録(8)によると、仕事時間は六時間にわたった。同年齢の男子の自己申告では仕事時間は二時間四五分であった。女子の方が男子よりも家事手伝いに費やす時間は長く、比較的早くから役割が課されるようだ(9)。

子どもたちがこうした役割を担うようになるプロセスに、おとなからの指示がどのくらい働いているのだろうか。資料2-1（八三頁）に示した各子どもの行為の指示者をみてもわかるように、パピアの場合はまったく指示される様子はみられなかったが、パプリやオプは、手伝いを母や祖父母らから命じられるようになる。しかし、手伝いの時間が大幅に増えるシムルやシャンティの行動が、いつも親から指示されているわけではなく、自ら実践している方が多い。つまり、子どもたちは、手伝いをしはじめる頃にはおとなに命じられてするようになるが、次第に自らの役割として実践するようになる。そして、一人前に仕事ができるようになったとき、子ども期を脱するのかもしれない。この調査後まもなく結婚したシャンティがその例といえるだろう。これは、第1章で捉えた「ブジ」を得る過程の一面を示している。

次に、手伝いや仕事の対極にある「自由行動」として分類した時間に注目してみたい。自由行動のあり方は、各子どもによって大きく異なる。パピアには積極的遊びが多くみられ、オプとパプリも、遊びの時間が有意に確保されている。手伝いの拘束時間と比べても、パピア、オプとパプリの場合、自由行動の時間が二倍以上は確保されている。それに対して、シムルとシャンティの場合は、自由行動よりも手伝いが占める時間の方が長くなる。そのことは、どの子どもにも頻繁にみられた「ぶらぶらする」「ぼーっとする」という時間の相異に顕著にあらわれている。

彼ら彼女らはなんのために「ぶらぶら」「ぼーっと」しているのか。筆者が観察していた限りでは、パピアやオプが「ぶらぶらする」のは、今そのときにやりたいこと、やらなければならないことが見当たらず、バリ周辺や池の畔を徘徊し、何かおもしろいものはないか、おもしろい出来事に遭遇しないか、誰か遊ぶ相手はいないか、と何気なく探し回っている様子であった。そこで何かをみつけると、ぶらぶらする行為は突如として他の行動に変わる。「ぶらぶらする」と「ヤギを追い掛け回す」は同様の行為として捉えうるのである。また、パプリの「ぶらぶらする」は、たとえば友人と一緒に話をしながら集落を散歩するなど、それ自体が一種の遊びを形成している場合があり、比較的長く続く。それに対して、シャンティやシムルの「ぶらぶらする」「ぼーっとする」行為は、仕事の間の休憩的要素が強い。それ自体が目的や目的探索行為ではなく、手伝いや勉強の合間にときおり確保される時間となる。そのため長時間継続して確保されることはあまりなく、その合計時間は、数分間ずつの休憩の積み重ねでしかない。この「ぶらぶらする」行為に象徴されるように、自由時間として捉えられた時間の過ごし方は、子ども間の相異を顕著に示している。

では、「仕事時間」と「自由行動」の狭間で、「学校」や「勉強」の時間はどのように解釈することができるだろうか。たとえば日本では、学校に通う時間は子どもにとっては「義務」であり、自由度の少ない感がある。しかし、バングラデシュ農村の子どもたちをみていると、ことに年齢層が下がるほど、「学校」は「自由行動」に近い感覚がある。その理由は、「行く気がしない」という理由で学校を休んでも厳しく咎められないことや、反対に、家事手伝いのために学校を休むことが、とくに農繁期には頻繁にみられるからである。オプが遣いのためにコーラン学校から呼び戻される様子や、シムルが仕事のない夜半に勉強の時間を確保する様子からも、そのことがうかがえるだろう。すなわち、通学以上に必要なことがあると簡単に取り換えられるし、「学校」は子どもの選択や意思によっても左右される余地のある場、つまりは「自由行動」の要素を含む行為として位置づけられる。

おもに開発の議論のなかではしばしば、「学校に通う（Schooling）時間が子どもを労働から回避させる」として論じられる。ラヴァリオンとウォードン［Ravallion, Wodon 2000］は、バングラデシュの小学校で政府が実施する食糧供給プログラム（Food For Education）をめぐって、とくに貧困層の保護者たちは、子どもを学校に通わせることで得られる具体的利益と労働させることで得られる収入を天秤にかけ、学校の金銭的価値を見出していることを指摘した。その点では「通学」と「仕事」が天秤にかけられている。しかし同時に、実際に子どもが通学に費やす時間は労働時間を引き換えにしているのではなく、もともとの自由時間からシフトされているとして、子どもの通学と「楽しみ（leisure）」の相互関係を数値的に論じている。

このように、子どもたちにとって「遊び」と「仕事」、あるいは「自由」と「役割（義務）」の境界は非常にあいまいである。あいまいさのなかで、子どもに許される「自由な時間」は成長につれて次第に減少し、その内実も「遊び」から「休憩」へと変化し、彼らに課される役割期待が生活の中心を占めるようになる。

この年齢段階による自由時間の長さと内実の変化が、「子ども」の段階的変化をあらわしているものと考える。そして、彼らの時間とその過ごし方がどのように規定されるかという過程に、子どもと社会の関わりが示される。この交渉の領域こそが、本書が着目する「子ども域」である。

この「子ども域」の様子は、使用人として働くゴラピの例と照らし合わせると違いが明らかである。彼女の生活時間は、誰かによって指示される仕事が二四時間の半分以上を占め、自由行動の時間はその休憩のみである。ぼーっとしたりぶらぶらしたりという時間もほとんどなく、常に他者から命じられる役割に拘束され、放ったらかしにされるなかで徐々に自ら実践するようになる余地ももちあわせていない。

第4節　生活空間の変化

次に子どもたちの生活空間（行動範囲）について検討したい。まずは、彼らが暮らすバリ周辺の見取図を図2-2に示す。

各家族には家屋と台所が設けられている。同じバリ内でも家計はそれぞれ独立しており、家屋ごとに収穫した米を貯蔵する大きな米櫃があり、料理も別である。一般に、典型的なバリのつくりは「中庭を囲むようにして各家屋と台所が配置され、人びとの相互作用、ことに女性たちのやりとりが中庭で展開される」とされるが、このバリの場合、中庭にあたる場が家屋群の東側に位置している。このように家屋群と庭が向かい合っているバリは、この地域ではめずらしくない。庭先が、洗濯物を干したり、籾や藁を干したり、人びと

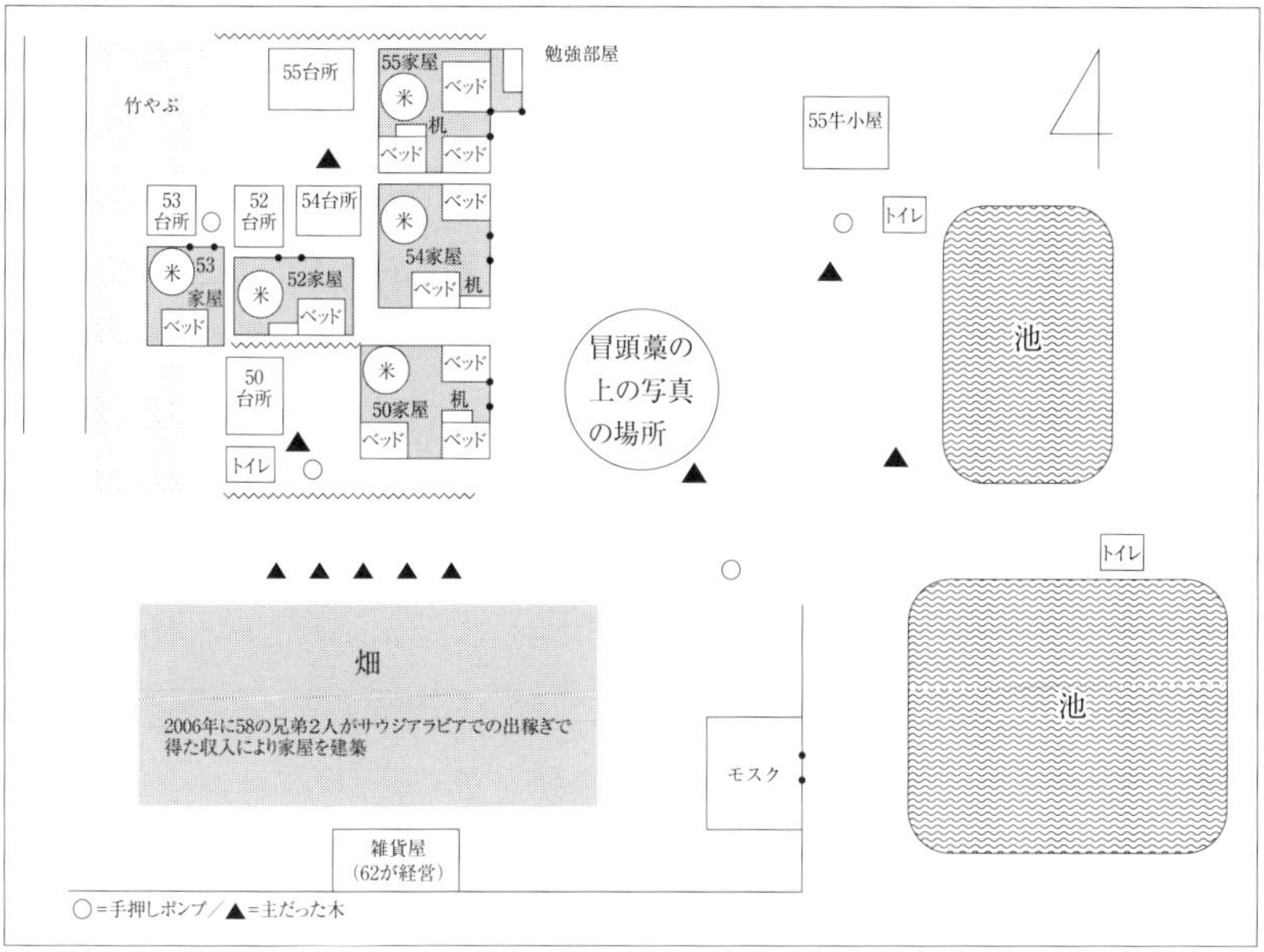

図 2-2：6-2 のバリ周辺の見取図（集落内の位置は図 0-4 を参照）
出典：調査をもとに筆者作成

が休憩したり井戸端会議をしたりする場となる。池の畔にある木陰に腰をかけて、農作業や家事の合間に女性や男性たちが世間話をする様子を頻繁にみかける。また、プナイたちが遊ぶのも大半はこの場であり、プロローグの写真の風景もここである。子どもたちが「ぶらぶらする」「ぼーっとする」場所も、おもにこの庭先から池の周辺である。

子どもたちの行動場所を、狭い順から、各子どもが住む家屋、台所、バリ内、バリ近辺（近所）、集落内、村外（隣村）、学校に分けて、その拘束時間を表2-2で比較した(10)。

まず、睡眠を含めた生理活動によって家屋内で過ごす時間が一日の五割から六割を占めることから、各子どもの生活の基盤を成すのが家庭家屋にあることが確認できる。

また、パプリやオプの場合は一日のうち二割強の時間を学校で過ごす。

表2-2：日常生活における場についての比較

場所	パピア（6歳女子）	オプ（9歳男子）	パプリ*（10歳女子）	シムル（16歳男子）	シャンティ（18歳女子）	ゴラピ（使用人）
家屋内	746	913	708	849	887	800
台所	33	42	92	45	266	384
バリ内	305	70	198	187	234	217
バリ近辺	130	50	43	89	4	39
集落内	58	0	32	30	49	0
村外	0	42	0	138	0	0
学校	168	323	366	102	0	0

＊　パプリは父方祖母と一緒に寝ているので、就寝時間は「バリ内（別家屋）」に入るが、例外的なため就寝時間のみ「家屋内」にシフトしてカウントした。

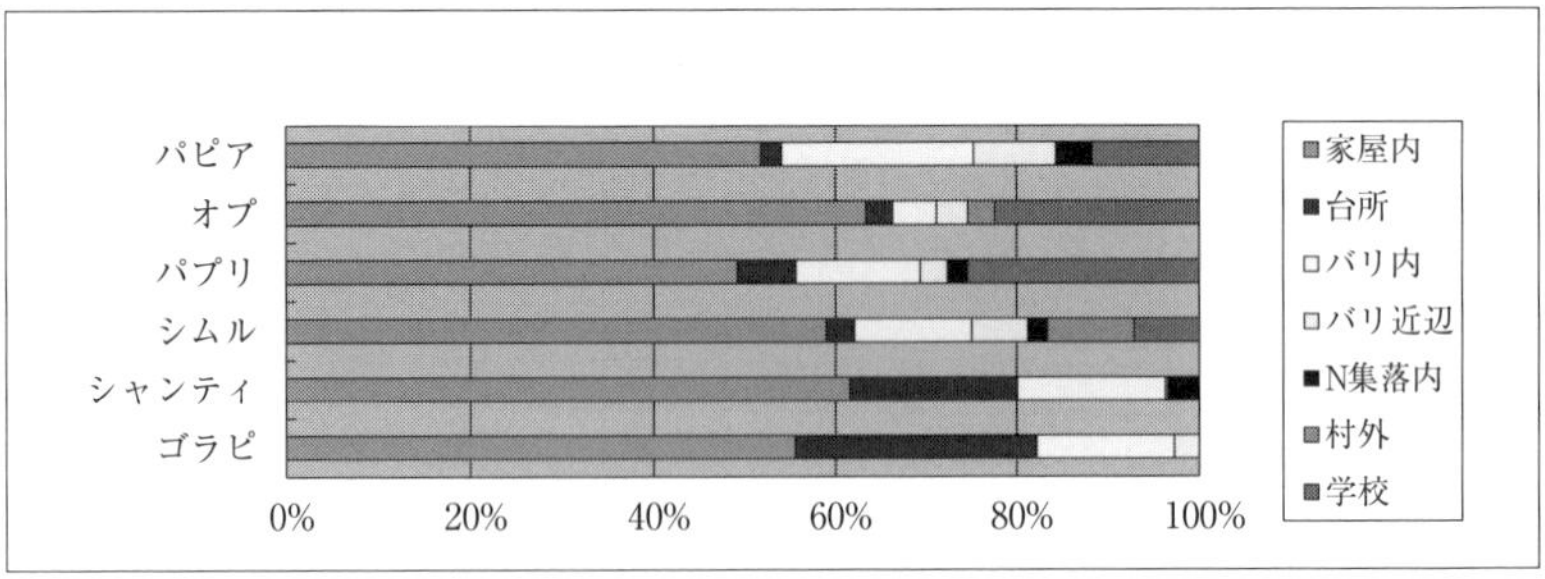

家屋内と学校を差し引いたその他の時間は、各行動によって場所の違いが顕著である。台所で過ごす時間は、パピアやオプ、シムルはほぼ同じで、食事を摂るときがその時間であり、彼らにとっては生理活動の場でしかない。それに対して、パプリやシャンティは料理の手伝いをするため台所で過ごす時間が増し、シャンティの場合は合計約四時間半もの間、台所が彼女の生活空間を占める。女子の手伝いの場が台所に集中するのに対して、オプやシムルの場合は、畑や市場など、手伝いをきっかけに集落内や村外へ

と行動範囲が広がる。つまり、性別によって課される仕事や役割は異なり、それによって生活空間や行動範囲にも違いがみられるようになる。

彼らの行動範囲や生活空間における年齢層や男女間の相異は、彼らの意思による自由行動よりむしろ、年齢が上がるにつれて次第に課される役割や手伝い内容によって導かれている。そして、すでに明らかになったように、子どもたちにとって遊びと仕事の境界はあいまいで、ときに混在する。それゆえ仕事によって形成される生活範囲は、彼らが自由時間を過ごす場所にも強く影響を及ぼしている。自由行動の中身自体が積極的な遊びより休憩的要素が強くなることから、その時空は課される役割に大きく左右され、結果として、年齢層や男女間に差異をもたらす。

N集落の住民たちは、食料品などの買い物は隣のR村の市場に行く。また、シムルのように、収穫物の余剰をR村の市場で売ることもある。R市場には約一二〇軒の小売店があり、食料品のほか、薬や日用品をおく店、電話屋、茶屋などがある。週に二度（土曜日と火曜日）の定期市には、牛が解体されて牛肉が売られるなど、いつもより多く店が出る。買い物は男性の仕事なので、夕方には男性で市場はごった返す。買い物に訪れた男性たちは、たいていどこかの茶屋に腰をかけ、夜遅くまで話に興じて時を過ごす。政治や宗教の話題から、人の噂話、農業の様子など、最大の情報交換の場となる。働き手の者は夕方にならないと来ないが、隠居した年配者や、仕事をせずぶらぶらしている若者や中年が、朝から茶屋に居座っている姿もしばしばみかける。子どもたちも、小学四年生にもなると、夕方に母の遣いで市場を訪れたり、自ら市場に来て同年代の友人と時を過ごす。ときおり筆者は、子どもたちが他校や他村のことをよく知っているのに驚かされたが、そうした情報も、おとなと同様に、市場で交換される。子どもであっても市場に来ることができるのは男子のみである。このことが、子どもの行動範囲や、さらには情報量と視野の及ぶ範囲に、男女の相異をもたらしている。

第5節　広がる人間関係

次に、子どもたちが誰との相互行為を基盤に日常生活を過ごしているかをみてみたい。「誰と過ごすか」は、前節の「どこで過ごすか」という場に大きく関わることはいうまでもなく、大まかにいえば、家族、バリ、父系親族、集落コミュニティへと広がる。さらにそのなかに、母系親族との関係や、学校を通じて知り合う他村の子どもや教師との関係が混じる。バングラデシュ農村ムスリム社会の親族名称については、原忠彦［一九六九b］に詳しく述べられている。原は、親族名称を捉える際には集落形態の影響を考慮する必要があることを述べている。本書は、子どもからみた親族関係に焦点をあて、子どもたちが日常生活を送る空間との兼ね合いからその関係を捉えてみたい。

子どもたちが最も多くの時間接する相手は母親であることが、彼らの日常生活からわかる。ことに、ギャンダやプナイたちにとっては、母親との距離こそが彼らを「ギャンダ」「プナイ」と定義づけているといってもよい。パピアの場合、最低でも一時間に一度は必ず母親の傍に行くか、母親と行動をともにしている。オプは母方バリで生活しているため、両親とは一緒に生活しておらず、母方祖父母が両親の役割をつとめる。パプリは、両親からの擁護や母親の手伝いのほか、パピアの面倒をみるという役割でも家族のなかでの位置

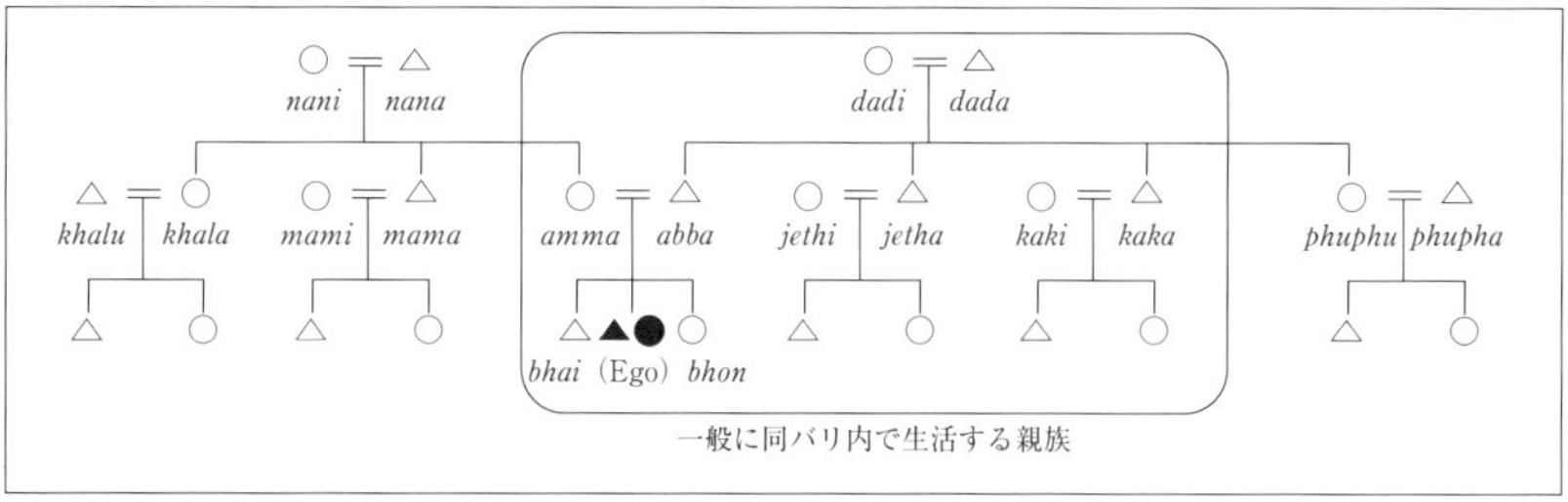

図 2-3：親族呼称
出典：筆者作成

を占めている。ただ単に「誰と過ごすか」という事実からいえば、パピアと同様に、シャンティも母親と場を共有する時間が一日の多くを占める。しかし彼女の場合は、母親の手伝いをすることが主であるので、パピアがただ母親の擁護を受けるのとは明らかに異なる。この違いに象徴されるように、子どもたちは家族のなかで、「擁護される」存在から、次第に役割をもつ存在へと関係をずらしていく。この変化を、おとなからの関わりと各総称に当てはめてみると、密に世話を要するギャンダから、少し手が離れるプナイ、さらに男女によって養育のあり方が異なり、相応の役割を命じうるチェレメェへと、関わり方の変化に即して認識も変化している。

両親と子どもからなる核家族関係の次に広がるのは、バリである。バリは父系親族によって構成されているため、子どもたちが日常生活のなかで接する他者は、父系親族が中心となる。当該地域での子どもからみた親族名称（呼称）は、図２-３のとおりである。[11] 子どもたちはかなり早い時期からそれぞれの親戚と自分の関係を呼称によって識別している。興味深いのは、各呼称は子どもから親族への一方的なものではなく、関係に対して双方から使われる。たとえば、子どもは母親のことを「アンマ（*amma*）」と呼ぶが、母親もまた我が子に対して、女児には「アンマ」、男児には「アッバ（*abba*）」と、愛情を込めて呼ぶ。とくに子どもが幼いときには双方からの呼称が用いられ、子どもに関係を理解させる。子どもたちは徐々に他者との関係を認識し、親族における自らの位置を確立していく。

さらに子どもたちが築く関係は、成長にともなってバリを越えた父系親族集団から集落へと広がる。彼らはバリでの親族認識を基準に、親族や集落での関係を理解する。その様子は、子どもたちが自らと各人の関係を呼称によって正確に呼び分けていることからわかる。父親の兄弟（オジ）[12]でなくても父親と同世代の父方親族には「ジェタ」「カカ」と呼ぶ。たとえば、パピアからシャンティやシムルをみた場合、パピアの父とシャンティやシムルは世代を同じくする父系親族であるため、父より年下のシムルに対しては「カカ」、シャンティに対して「フフ」と呼ぶ。ただし一般的な「おばさん」を意味する「アンティ」と呼ぶこともある。さらに、血縁関係がなくても、父や母と友人関係にあったり、親と同世代の近隣住民に対しては、父母との関係を「バイ（兄弟）」「ボン（姉妹）」と解釈し、それぞれの親族呼称で呼ぶ。こうした関係は、当該社会ではきわめて頻繁にみられる。しかし、その関係の詳細を突きつめて尋ねると、子どもたちはそれが直系のオジオバなのか、あるいは集落内の社会関係にもとづいた擬似的関係なのかを正確に理解している。[13]

子ども同士の対人関係についてはどうだろうか。子どもたちが自由行動をともにする相手に注目すると、パピアの場合は、バリ内か近隣バリに住む同年齢層のプナイたちが大半で、男女の区別はみられない。それに対してオプとパプリでは、遊び相手に顕著な違いがみられた。オプは集落内に住む同学年同年齢層の男子と遊ぶことが多いが、パプリの場合はバリ内やバリ近辺の女子と遊ぶことが多く、年齢層にばらつきがある。バリ内でパプリとオプが年下の子どもたちと一緒に男女入り混じって遊ぶことはあるが、同年齢層だけで遊ぶ場合や年上の者と一緒に遊ぶ場合は、男女が別集団で行動する。[14] バリ近辺での遊び相手をみる限りでは、彼らが接する同世代の他者は、上記に記した親族内やあるいはそれを発展させた集落内の関係のうちで捉えうる。しかし、バリ内で兄弟姉妹同然に日常の関係を保っていても、いざというときにはきょうだいとイトコではっきりとした線引きがある。たとえば子どもたちの間で、イトコに対して「それはうちのサトウキビだ」などと指摘しあう様子がみられた[15]。

彼らが唯一日常生活のなかで家族や親族以外の他者と交わり、親族の網の目から脱するのが学校の場である。あるいはシムルのように、市場に出ると、そこで親族以外の者と出会うことがある。そこでは生得的な親族関係とは別に、自ら関係を築く。しかし、同集落内にあるN1校では、もともと親族関係にある者同士も多く、ときに子どもたちは、学校で築かれる友人関係を、集落内での社会関係に当てはめて解釈し、友人が擬似的イトコとなることもめずらしくない。

また、オプのように母方バリに住んでいる子どもたちにとっては、日常的に接する親族こそが母方親族となるが、一般には父系親族のバリで生活するバングラデシュの子どもにとって、母方親族は日常接する相手とは異なる。しかし当該社会では、子どもにとって母方親族は重要であり、パピアの場合にみられるように、子どもの頃はとくに母方親族との接触は多い。とくに母方オジ（ＭＢ）は、子どもの成長における特別な存在とされている[16]。子どもたちは母方バリを祖父母ではなく母方オジのバリ「ママルバリ（ママのバリ）」といって親しみ、訪問するのをとても楽しみにしている。母方オジの存在は、ベンガル地方に伝わる子ども向けの詩などにも頻繁に登場する[17]。こうして子どもたちは、日常接する以外の親族とも早い時期から関係を結んでいる。

このように、子どもたちの日常生活世界は、同じ空間を共有しながらも、その占有時間や空間が、子どもの年齢層や性別によって徐々に変化している。その段階的変化を促す基盤となっている相互交渉は、バリを中心とした親族関係の網の目のなかで展開されている。そして、子どもたちの位置を段階的に変化させる主要因の一つが、家庭での手伝いなど役割期待にあることも明らかとなった。家庭での役割が課されるにつれて、そこに男女の役割の違いや、仕事内容にともなう行動範囲の違いが次第にあらわれてくる。前章で捉えたおとなによる段階的な子ども認識と、子どもの行動の変化が矛盾なく捉えられるのは自然なことといえる。また子どもの側からみれば、自由行動のあり方も、積極的な遊びから仕事の合間の休憩へと変化する。役割や規範に規定されない自由時間が十分に確保されている間は、子どもたち自ら主体的に集団を形成して遊ぶ姿がみられる。しかし、仕事や手伝いなど家庭での役割が彼らの行動範囲に影響を及ぼすため、出会う子ども同士にも自然と差異が生じ、同質的な者同士が行動をともにするようになる。そこに、子どもの行為とおとなによる子どもへの目にみえない働きかけの接点があるといえるだろう。そうした緩やかな働きかけが子どもの生活世界に反映されうるのは、おとなと子どもの生活空間の「近しさ」であり、おとなと子どもの頻繁な相互行為がそれを支えている。

しかし、当然のことながら、常に子どもが当該社会のおとなが描くとおりに役割や規範を獲得し、全てを「正しく」理解しているわけではない。おとなの側も、それを強く期待してはおらず、むしろ「ブジナイ（わからない）」という子ども認識のもと、ある種放ったらかしにする猶予領域のなかで、子どもは能動的に「ブジ」を得ようとする。あるいは反対に、おとなが規制しようとすると子どもはそれをすり抜けようとする。こうしたおとなと子どもの交渉、双方からの働きかけとせめぎあいの過程こそが、本書が捉えようとする「子ども域」である。次章以降では、そのせめぎあいの様子を描いていく。

注

（1）二〇〇四年の調査当時は二人姉妹であったが、二〇〇四年一〇月に妹が生まれている。
（2）現金を貸す代わりに土地を担保として預かり、借金返済と同時に土地を返却する制度。土地を預かっている間は自らの土地と同様に使用することができる。借金が返されなければ、そのまま貸した者の所有になる。調査地の人びとはこのシステムを「ボンドック（*bandhak*）」と呼ぶ。
（3）早朝におこなわれるコーラン学校を現地の人びとは「マドラサ（*Madrassa*）」と呼ぶが、学校制度に則ったマドラサと区別するためにここでは「コーラン学校」と記述する。地域によっては「モクトブ（*Maktab*）」と称することもある。早朝のコーラン学校で学ぶのは、礼拝の作法やアラビア語の音読である。
（4）その日の子どもの集まり具合やコーラン学校の教師フジュル（*hujur*）の来る時間によって異なる。
（5）「サリーごっこ」については、［南出 二〇〇五］のコラムで紹介している。
（6）前期中等教育（一〇年）修了時に受ける全国統一試験 Secondary School Certificate の略。
（7）中学校の隣で、元中学校の教師や大学卒業者が開いている私塾。現役の中学生や中学卒業生でＳＳＣ未合格者らが通っている。中学校は午前一〇時から始まるので、その前の時間におこなわれる。月謝は、六年生から八年生は二〇〇タカ（＝約四〇〇円）、九年生と一〇年生、卒業生は三〇〇タカ（＝約六〇〇円）。教師は全部で七人いる。
（8）試しに小学五年生や中学生数人に自らの生活時間を記録するよう頼んでみたが、排泄などの生理活動や消極的な自由行動を意識した記録がみられなかったので、比較検討には加えなかった。
（9）女子の方が早くから家事手伝いに仕込まれるという状況は、原の調査でも捉えられている。さらに原は「女の子が自由な時間をすごせるのは、まず五歳くらいまでと思っていい」とまで言及している［原 一九八六：三四八］。

(10) オプは母方バリで生活しているため、この統計に示される生活空間は、本人のバリではなく、母方バリを基準とした空間である。ゴラピも自らの家屋バリではなく住み込みの働き先を示す。

(11) 親族呼称はムスリムとヒンドゥー・キリスト教徒とでは異なる。ここでは調査地の人びとの使用に合わせてムスリムの呼称を採用する。ただし父方オジに対しては、通常ムスリムの間では伯父叔父ともに「チャチャ（*caca*）」その妻は「チャチ（*caci*）」とされるが、当該地域では父方伯父を「ジェタ（*jetha*）」その妻を「ジェティ（*jethi*）」、父方叔父を「カカ（*kaka*）」その妻を「カキ（*kaki*）」という。ヒンドゥー・キリスト教徒が用いる呼称を使っている。

(12) 本文中では、伯父／叔父、伯母／叔母の区別が明確な場合はそれぞれ漢字で表記し、両方を含むか特定できない場合は、カタカナでオジオバと表記する。イトコの場合も同様に記述する。

(13) 「アポン（*apan*：自分の）」と「パラバシ／ショマジク（*parabashi/samajik*：社会的）」に識別される。

(14) 遊びの集団形成については、第3章で詳しく述べる。

(15) 原も、子どもたちが早く（七、八歳頃）から遊びなどを通じて個々の所有権を意識し、バリ内であってもその区別をはっきりさせる現象を捉え、独立した個人を論じている［原一九八六：三四二］。

(16) ベンガルにおける母方オジの重要性については、［金二〇〇〇：七四］などでも述べられている。

(17) 詩やおはなしに登場する母方オジについては、［南出（近刊）］のなかで述べている。

資料2-1：日常生活時間（24時間の記録）

1）6歳女子：パピア

場所	時	分	行為分類	行為	指示者	場を共有したもの
バリ	14:00	25	生理活動	水浴び（自分で）		母
バリ	14:25	25	生理活動	服を着て身なりを整える		母
バリ	14:50	40	生理活動	昼食		
バリ	15:30	20	自由行動	ままごと遊び		R、M、Sm、T
近所	15:50	7	自由行動	走り回る		R、M、Sm、T
バリ	15:57	3	生理活動	排泄		
家屋	16:00	5	自由行動	母の所に行く		母
バリ	16:05	10	自由行動	建設中の隣家で走る		S
バリ	16:15	12	自由行動	子山羊を追いかけて遊ぶ		Si、R、M、Si上
集落	16:27	20	自由行動	母の畑作業についていく		母
バリ	16:47	13	自由行動	建設中の隣家を見にいく		父
バリ	17:00	30	自由行動	遊ぶ		姉、Si、Si上、F、Sh上、R
台所	17:30	17	自由行動	母が料理する傍にいる		母
バリ	17:47	13	自由行動	祖母宅に行く		
家屋	18:00	45	勉強	姉と一緒に勉強、父が教える		父、母、姉
家屋	18:45	27	生理活動	夕食		父、母、姉
家屋	19:12	8	自由行動	母の夕食の片づけを見る		
家屋	19:20	17	自由行動	父と遊ぶ		父、母、姉
家屋	19:37	11	勉強	姉と一緒にお祈りをする		父、母、姉
バリ	19:48	4	生理活動	排泄		母
家屋	19:52	8	自由行動	ベッドでごろごろする		
家屋	20:00	605	生理活動	就寝		父、母
	6:05			起床		
家屋		8	自由行動	ベッドでぼーっとする		
バリ	6:13	11	自由行動	母の掃除について回る		母
バリ	6:24	6	生理活動	顔を洗う		
バリ	6:30	2	生理活動	排泄		
バリ	6:32	18	自由行動	木から果実をとる		O上
近所	6:50	10	自由行動	池の周りをぶらぶらする		
学校	7:00	75	学校	マドラサに行く		姉
近所	8:15	9	自由行動	帰宅 母が他家訪問について回る		母、大叔母
台所	8:24	16	生理活動	朝食		母
学校	8:40	70	学校	学校に行く		
家屋	9:50	12	自由行動	学校から帰宅（先生に掌を叩かれたことを母に話す）		母
バリ	10:02	36	自由行動	ままごと遊び		

バリ	10:38	22	手伝い	母の手伝い（籾の天日干）		
バリ	11:00	10	自由行動	さとうきびを食べる		姉
近所	11:10	10	自由行動	ぶらぶらする		
近所	11:20	20	自由行動	母と池の辺に座って話す		母、祖母、大叔母、筆者
バリ	11:40	5	生理活動	排泄		
学校	11:45	3	自由行動	姉の通学についていく		姉
集落	11:48	38	自由行動	途中で畑で遊ぶ		Si、Sm、M
近所	12:26	34	自由行動	家に戻って遊ぶ、走り回る		Si、Sm、M、T
学校	13:00	20	自由行動	学校を覗きにいく		
近所	13:20	40	自由行動	家に戻ってぶらぶらする		母
	14:00					

注）「場を共有した者」のアルファベット表記は友人（上下はパピアとの年齢差）、以下同様

2）９歳男子：オプ

場所	時	分	行為分類	行為	指示者	場を共有したもの
家屋	16:00	20	生理活動	学校から帰宅、手足を洗い服を着替える		
バリ	16:20	10	自由行動	家の表と中をうろうろする		
台所	16:30	25	生理活動	食事		
バリ	16:55	6	自由行動	立ち話に加わる		叔母、P、パピア、Sa上、叔母、F上、大叔母、Sh上、Sa母、M下、K、従弟
家屋	17:01	2	手伝い	叔母のサンダルをとりにいく	叔母	
バリ	17:03	4	自由行動	立ち話に加わる		
バリ	17:07	5	手伝い	牛に餌をやる	祖父	祖父
バリ	17:12	3	手伝い	椅子を運ぶ	叔母	
バリ	17:15	3	自由行動	家の表と中をうろうろする		
バリ	17:18	2	手伝い	隣家に椅子を返す	祖母	
家屋	17:20	12	自由行動	祖母が家事を見る		祖母
バリ	17:32	13	自由行動	家の表と中をうろうろする		
家屋	17:45	3	勉強	机上を片づける		
家屋	17:48	14	勉強	勉強		
バリ	18:02	7	手伝い	牛小屋に煙を炊く	祖父	祖父
家屋	18:09	2	勉強	勉強		
バリ	18:11	4	自由行動	パピアの勉強を見にいく		パピア
家屋	18:15	8	自由行動	部屋を片づける		

近所	18:23	3	生理活動	池で排泄		
家屋	18:26	43	勉強	勉強		
家屋	19:09	4	自由行動	家族の話に加わる		祖父母、叔母、大叔母
家屋	19:13	16	勉強	祖父に叱られて勉強	祖父	祖父
近所	19:29	1	生理活動	池で排泄		
家屋	19:30	32	勉強	勉強		
家屋	20:02	23	自由行動	叔父と遊ぶ		叔父
家屋	20:25	10	勉強	勉強		
家屋	20:35	19	生理活動	夕食		祖父母、叔父、叔母
家屋	20:54	11	自由行動	ベッドでぼーっとする		
家屋	21:05	18	自由行動	祖母と叔母の家事を見る		祖母、叔母
家屋	21:23	2	生理活動	蚊帳の用意		
バリ	21:25	3	生理活動	排泄		祖母
家屋	21:28	407	生理活動	就寝		
家屋	4:15			一度起床		
近所		5	生理活動	排泄		
家屋	4:20	90	生理活動	再度寝る		
	5:50			起床		
近所		3	生理活動	排泄		
近所	5:53	4	自由行動	池の周りをうろうろする		
バリ	5:57	5	生理活動	顔、手足を洗う		
学校	6:02	6	学校	マドラサにいく		
隣村	6:08	42	手伝い	T村に山羊を連れていく	祖父母	叔父
学校	6:50	57	学校	マドラサにいく		
家屋	7:47	8	自由行動	帰宅、ベッドでごろごろする		
家屋	7:55	15	勉強	勉強		
家屋	8:10	10	自由行動	ベッドでぼーっとする		叔母、筆者
台所	8:20	17	生理活動	朝食		叔父、叔母
近所	8:37	3	生理活動	排泄		
近所	8:40	6	自由行動	池の周りをぶらぶらする		
家屋	8:46	37	勉強	勉強		
家屋	9:23	7	自由行動	ベッドで話をする		叔母、B上、筆者
バリ	9:30	5	自由行動	ぶらぶらする		
家屋	9:35	27	自由行動	叔母の縫いものを見る		祖母、叔母
家屋	10:02	13	自由行動	豆を食べる		祖父母、叔母
家屋	10:15	11	自由行動	叔母の縫いものを見る		叔母
家屋	10:26	9	自由行動	破れたズボンを縫ってみる		
家屋	10:35	30	自由行動	叔母の縫いものを見る		叔母

近所	11:05	16	自由行動	池で釣りをしているのを見る		従姉、叔母
近所	11:21	9	生理活動	水浴び		
家屋	11:30	10	生理活動	学校へ行く身支度		
学校	11:40	40	自由行動	学校で友人と遊ぶ		
学校	12:20	110	学校	授業		学校の教師、友人
学校	14:10	40	自由行動	休憩		学校の友人
学校	14:50	70	学校	授業		学校の教師、友人
	16:00					

3）10歳女子：パプリ

場所	時	分	行為分類	行為	指示者	場を共有したもの
家屋	10:40	8	自由行動	妹と遊ぶ		妹
バリ	10:48	8	自由行動	手を洗う、オプを見にいく		オプ、大叔母
バリ	10:56	2	自由行動	表庭をぶらぶらする		妹、M下、T下
近所	10:58	7	自由行動	池の倒れ木で一人で遊ぶ		
近所	11:05	5	生理活動	水浴び		
バリ	11:10	7	生理活動	洗顔、着替え、服を洗う		
家屋	11:17	7	生理活動	身支度、化粧		叔母
バリ	11:24	6	自由行動	隣家に行く		大叔母
家屋	11:30	10	自由行動	ノート代を母にせがむがくれない		母
学校	11:40	3	学校	怒って学校に行く		
学校	11:43	37	自由行動	学校で遊ぶ		
学校	12:20	110	学校	授業		
学校	14:10	40	自由行動	休憩		
学校	14:50	72	学校	授業		
学校	16:02	4	学校	学校から帰宅		
バリ	16:06	3	生理活動	排泄		
台所	16:09	26	生理活動	昼食		
近所	16:35	20	自由行動	化粧		妹、F、F弟、大叔母
バリ	16:55	4	自由行動	池の倒木で遊ぶ		妹、叔母、従妹
集落	16:59	20	手伝い	畑に野菜を採りにいく	叔母	叔母
バリ	17:19	2	自由行動	母と筆者と立ち話し		母、筆者
台所	17:21	27	手伝い	夕食準備の手伝い	母	母
台所	17:48	7	手伝い	鍋の煤を拭く		
家屋	17:55	8	手伝い	食事の準備、部屋の掃除		
バリ	18:03	4	生理活動	排泄		

集落	18:07	12	自由行動	花摘み		
バリ	18:19	8	自由行動	妹に花の腕輪を作る		妹
家屋	18:27	23	勉強	勉強		
バリ	18:50	19	勉強	横で妹も勉強		妹、祖母
家屋	19:09	48	勉強	家に戻って勉強		父、母、妹
家屋	19:57	36	自由行動	ぼーっとして父に叱られる 叔父に質問		父、叔父
家屋	20:33	21	生理活動	夕食		父、母
バリ	20:54	6	自由行動	祖母の部屋で話に加わる		祖母
バリ	21:00	5	生理活動	排泄		
バリ	21:05	515	生理活動	就寝		祖母
	5:40			起床		
バリ		5	生理活動	排泄		
家屋	5:45	13	自由行動	母の新しいサリーを着る		
バリ	5:58	7	生理活動	歯を磨く		
学校	6:05	4	学校	マドラサを覗きにいく		
学校	6:09	4	学校	シバラ（教科書）を取りに戻る		
学校	6:13	92	学校	マドラサ		
家屋	7:45	3	生理活動	服を着替える		
台所	7:48	17	手伝い	朝食準備の手伝い	母	母
バリ	8:05	5	手伝い	水を汲みにいく	母	
台所	8:10	15	生理活動	朝食		母
家屋	8:25	3	自由行動	妹が絵を描くのを見る		妹
バリ	8:28	3	手伝い	鶏に餌をやる	母	
家屋	8:31	14	自由行動	妹と部屋で石遊び		妹
バリ	8:45	13	手伝い	井戸で妹に水浴びをさせる		
バリ	8:58	40	手伝い	妹の身なりと整える		妹、祖母、父、母
バリ	9:38	8	自由行動	ぶらぶらする		
バリ	9:46	7	自由行動	隣家で遊ぶ		叔母、従弟、従妹
近所	9:53	11	自由行動	池の傍に花を摘みにいく		叔母
バリ	10:04	17	生理活動	頭の虱を取ってもらう		母
バリ	10:21	5	自由行動	叔母の家に行く		叔母、B下、T下、従妹
バリ	10:26	14	自由行動	叔母と遊ぶ		叔母、B下、T下、従妹、オプ
	10:40					

4）16 歳男子：シムル

場所	時	分	行為分類	行為	指示者	場を共有したもの
学校	10:00	27	学校	塾		
家屋	10:27	4	生理活動	帰宅、着替え		
台所	10:31	20	生理活動	2 度目の朝食		
家屋	10:51	12	自由行動	懐中電灯修理、家族と話す		父、母、姉、甥、従妹、従兄
バリ	11:03	22	手伝い	牛小屋の掃除		
バリ	11:25	4	生理活動	手足を洗う		
近所	11:29	11	手伝い	池の魚に餌をやる		
バリ	11:40	28	手伝い	竹を切ってきて割る	母	
バリ	12:08	3	生理活動	足を怪我して処置		母、筆者
バリ	12:11	8	手伝い	竹で苗の囲いを作る準備	母	母
近所	12:19	31	手伝い	池で魚を採る		
バリ	12:50	15	生理活動	水浴び		
家屋	13:05	25	自由行動	ベッドで休憩、少し寝る		
集落	13:30	30	手伝い	畑に野菜を採りにいく	母	姉
バリ	14:00	30	手伝い	野菜を洗って小分け		
バリ	14:30	2	生理活動	排泄		
近所	14:32	12	自由行動	近所で木を切るのを見る		
バリ	14:44	6	手伝い	放牧牛を戻して餌をやる		
家屋	14:50	4	自由行動	座って休憩		
バリ	14:54	8	自由行動	果実を採って食べる		
台所	15:02	8	生理活動	昼食		
バリ	15:10	8	生理活動	排泄		
バリ	15:18	5	生理活動	自転車を掃除、着替え		
バリ	15:23	12	自由行動	S と話す		
バリ	15:35	5	手伝い	野菜を自転車に積む		姉
隣村	15:40	130	手伝い	市場に野菜を売りにいく		
隣村	17:50	8	手伝い	市場から戻る		
バリ	17:58	4	生理活動	排泄		
バリ	18:02	4	自由行動	座って母と話す		母
バリ	18:06	3	自由行動	一人ぼーっとする		
バリ	18:09	2	手伝い	牛に餌をやる		甥

家屋	18:11	6	手伝い	ネズミ捕りをセットする		
近所	18:17	3	自由行動	近所で木を切るのを見る		M
近所	18:20	20	勉強	モスクで礼拝		父
家屋	18:40	85	勉強	勉強		
家屋	20:05	5	自由行動	休憩		
近所	20:10	12	勉強	モスクで礼拝		父
家屋	20:22	28	生理活動	夕食		母
家屋	20:50	75	勉強	勉強		
バリ	22:05	5	生理活動	排泄		
家屋	22:10	470	生理活動	就寝		
	6:00			起床		
バリ		3	生理活動	排泄		
バリ	6:03	7	生理活動	洗顔		
家屋	6:10	98	勉強	勉強		
バリ	7:48	3	生理活動	排泄		
家屋	7:51	2	自由行動	座ってぼーっとする		
家屋	7:53	28	勉強	勉強		
台所	8:21	17	生理活動	朝食		母、姉
家屋	8:38	7	生理活動	着替えて塾に行く準備		
学校	8:45	75	学校	塾へ		
	10:00					

5）18歳女子：シャンティ

場所	時	分	行為分類	行為	指示者	場を共有したもの
家屋	10:00	10	自由行動	ぼーっとする		母
バリ	10:10	5	生理活動	髪を乾かす		
台所	10:15	13	生理活動	朝食		
台所	10:28	3	手伝い	台所の掃除、片づけ		
家屋	10:31	9	手伝い	懐中電灯の修理		
家屋	10:40	30	自由行動	従妹が来て部屋で話す		父、母、甥、従兄、従妹
家屋	11:10	8	手伝い	肥料袋の再利用		父、母
バリ	11:18	4	手伝い	藁の天日干		
バリ	11:22	10	自由行動	木下でぼーっとする		母、叔母、従妹

バリ	11:32	4	手伝い	竹の葉を天日干		
家屋	11:36	54	手伝い	肥料袋の再利用		
家屋	12:30	15	手伝い	部屋の掃除		
家屋	12:45	15	生理活動	髪を整える		
台所	13:00	30	手伝い	魚を切る		
集落	13:30	30	手伝い	畑に野菜を採りにいく		弟
台所	14:00	57	手伝い	昼食の料理		母
バリ	14:57	2	生理活動	手を洗う		
台所	14:59	3	手伝い	弟の昼食の用意		
台所	15:02	5	手伝い	ご飯を炊く	母	
家屋	15:07	11	自由行動	休憩		
台所	15:18	18	生理活動	昼食		
バリ	15:36	4	手伝い	弟が自転車に野菜を乗せるのを手伝う		弟
バリ	15:40	5	自由行動	座ってぼーっとする		
バリ	15:45	5	手伝い	洗濯物を取り入れる		
バリ	15:50	4	手伝い	魚採りの網を干す		
バリ	15:54	2	自由行動	母と話す		母
バリ	15:56	8	自由行動	木下をぶらぶらする		
バリ	16:04	24	生理活動	水浴び		
バリ	16:28	44	自由行動	池の倒木で涼む、髪を梳く		従妹、筆者
バリ	17:12	4	生理活動	排泄		
集落	17:16	19	手伝い	畑に野菜を採りにいく	母	従妹、筆者
家屋	17:35	8	手伝い	部屋の掃除		叔母
台所	17:43	13	手伝い	甥が釣った魚を切る		
バリ	17:56	4	生理活動	手足を洗う		
家屋	18:00	5	手伝い	部屋の掃除		
バリ	18:05	3	自由行動	座ってぼーっとする		
バリ	18:08	4	手伝い	水を汲みにいく	母	
台所	18:12	25	手伝い	夕食の料理		母
台所	18:37	3	手伝い	鍋や食器を洗う		
台所	18:40	14	手伝い	料理		母
家屋	18:54	4	手伝い	料理を部屋に運ぶ		
家屋	18:58	2	自由行動	甥の勉強を眺める		甥、従妹、筆者

家屋	19:00	8	自由行動	ベッドで休憩		母
バリ	19:08	4	手伝い	水を汲みにいく		母
家屋	19:12	3	生理活動	ベッドを整える		
家屋	19:15	2	自由行動	父母と話す		父、母
家屋	19:17	3	自由行動	刺繍枠を修理		
家屋	19:20	5	自由行動	甥の勉強を覗く		甥
家屋	19:25	2	手伝い	ナイフを探す		父
家屋	19:27	2	自由行動	部屋の中をうろうろする 魚をつまみ食い		
家屋	19:29	37	自由行動	ベッドで横になって話す		父、母、従兄
家屋	20:06	4	手伝い	夕食を食べる準備		
家屋	20:10	20	生理活動	夕食		
家屋	20:30	13	手伝い	食器の片づけ、部屋の掃除		
バリ	20:43	17	自由行動	隣家に TV を観にいく		従兄、従妹、甥、従妹、 叔母、筆者
家屋	21:00	17	自由行動	家に戻って父母と話す		
バリ	21:17	5	生理活動	排泄		
家屋	21:22	8	生理活動	寝床を整える		
家屋	21:30	511	生理活動	就寝		
	6:01			起床		
バリ		2	自由行動	ぼーっとする		
バリ	6:03	5	生理活動	排泄		
バリ	6:08	12	自由行動	座ってぼーっとする		母
バリ	6:20	14	手伝い	食器洗い		
バリ	6:34	8	手伝い	米を研ぐ		
家屋	6:42	11	手伝い	部屋の掃除		
バリ	6:53	26	生理活動	歯磨き（話ながら）		従弟、従兄、従兄、母、 従妹
近所	7:19	4	自由行動	ぶらぶらする		
家屋	7:23	12	自由行動	部屋で話す		従妹、父、筆者
台所	7:35	55	手伝い	料理	母	母
台所	8:30	5	手伝い	弟に食事をさせる		母、弟
家屋	8:35	5	手伝い	米を米櫃から取ってくる	母	
バリ	8:40	2	手伝い	水を汲みにいく	母	
台所	8:42	16	生理活動	朝食		

台所	8:58	6	手伝い	台所の掃除		
家屋	9:04	24	自由行動	ベッドで話す		従妹、母
バリ	9:28	3	生理活動	排泄		
家屋	9:31	29	自由行動	ぼーっとする、少し寝る		
	10:00					

6）使用人として住み込みで働く９歳女子：ゴラピ

場所	時	分	行為分類	行為	指示者	場を共有したもの
家屋	11:00	10	自由行動	TV を観る		妻、姉、息子２人、娘２人
家屋	11:10	2	仕事	孫をあやす	娘	孫
バリ	11:12	11	仕事	水を汲んできて沸かす		妻、娘
家屋	11:23	28	仕事	家の中の掃除	妻	妻
家屋	11:51	4	仕事	盆を取ってくる、充電	娘	
バリ	11:55	5	仕事	家鴨を屠る補助	伯父	義兄
バリ	12:00	20	仕事	木陰で孫をあやす	娘	孫
バリ	12:20	13	仕事	竹割	妻	
家屋	12:33	2	生理活動	排泄		
ベランダ	12:35	18	仕事	孫の水浴び準備、手伝い	娘	孫
台所	12:53	27	仕事	昼食料理の手伝い	妻	妻、娘
家屋	13:20	5	仕事	孫を寝かせる	娘	孫
台所	13:25	35	仕事	料理の手伝い	妻	妻
台所	14:00	50	仕事	米粉打ちの手伝い		隣家の者
台所	14:50	20	生理行動	水汲み、昼食をとる	妻	妻
バリ	15:10	12	仕事	食器洗い		
台所	15:22	8	仕事	台所の掃除		
バリ	15:30	5	仕事	ココヤシ割	筆者	筆者
台所	15:35	13	仕事	米粉打ちの手伝い		隣家の者
バリ	15:48	5	仕事	ココヤシ削り	筆者	筆者
台所	15:53	12	仕事	米粉打ちの手伝い		隣家の者
台所	16:05	25	仕事	菓子作りの手伝い		筆者、娘
バリ	16:30	15	生理行動	水浴び		
バリ	16:45	10	仕事	洗濯物の片付け		

近所	16:55	5	仕事	隣家に菓子型を借りにいく	娘	
台所	17:00	60	仕事	菓子作りの手伝い		筆者、娘
バリ	18:00	10	仕事	庭掃除		
家屋	18:10	15	仕事	洗濯物の片付け		
近所	18:25	15	仕事	油を買いにいく	妻	
台所	18:40	15	仕事	夕食準備の手伝い	妻	妻
バリ	18:55	3	仕事	娘の水浴びの手伝い	娘	娘
台所	18:58	52	仕事	夕食料理の手伝い	娘	娘
家屋	19:50	14	仕事	夕食を運ぶ	妻	
家屋	20:04	3	生理活動	排泄		
ベランダ	20:07	33	自由行動	家の者と一緒に昔話		婿、息子３人、小作、筆者
家屋	20:40	10	仕事	孫の寝床を整える	娘	孫
家屋	20:50	12	仕事	孫を寝かしつける	娘	孫
家屋	21:02	18	生理活動	夕食		妻、姉、娘、息子
家屋	21:20	8	仕事	食器の片付け		
家屋	21:28	6	仕事	玄関のゲートを閉める		
家屋	21:34	3	自由行動	TV を観る		息子２人、婿、娘、筆者
家屋	21:37	8	生理活動	体にパウダーを塗る		
家屋	21:45	480	生理活動	就寝		
	5:45			起床		
家屋		8	仕事	玄関の鍵を開ける		
家屋	5:53	2	生理活動	排泄		
台所	5:55	7	仕事	台所の鍵を開ける	伯夫	
台所	6:02	2	仕事	台所のゴミを捨てる	妻	
台所	6:04	10	仕事	台所の掃除		妻
バリ	6:14	14	仕事	庭の掃除		妻
バリ	6:28	16	仕事	孫をあやす	孫	
バリ	6:44	28	仕事	食器や鍋を洗う		妻
台所	7:12	23	仕事	朝食料理の手伝い	妻	妻
バリ	7:35	5	生理活動	顔を洗う		
家屋	7:40	20	仕事	部屋で孫をあやす	娘	孫
家屋	8:00	3	自由行動	菓子を食べる	娘	
家屋	8:03	7	仕事	孫をあやす	娘	
家屋	8:10	6	仕事	洗濯物を集める		

近所	8:16	19	仕事	菓子を近所に配る	妻	隣家の者
バリ	8:35	10	仕事	孫を外に連れていく	娘	孫
台所	8:45	20	生理活動	朝食		妻
台所	9:05	5	仕事	台所の片付け掃除	妻	妻
バリ	9:10	14	仕事	洗濯		娘
バリ	9:24	21	仕事	洗濯物を干す		
家屋	9:45	5	自由行動	ぼーっとする		妻、伯妻、娘２人、筆者
家屋	9:50	25	自由行動	家の者と刺繍をする		娘２人
家屋	10:15	8	仕事	孫をあやす	娘	孫
家屋	10:23	37	自由活動	刺繍をする		娘２人
	11:00					

注）人物関係名称は、雇用主（ゴラピの働き先の主）からの関係

第3章　「子ども域」の子どもたち

第1節 「子ども社会」

前章では子どもたちの日常生活をできるだけ客観的に捉え、第1章で述べたおとなの「子ども」に対する認識と、実態としての子どもの行為行動を照らし合わせてみた。バングラデシュ農村社会の子どもたちの日常生活の様子がいくらか理解できたのではないかと思う。

本章からは、子どもたちの主体的な行為、主観的な理解を描き出してみたい。まず第3章では、子ども同士の関係に注目する。子どもたちが相互の関係において自由に実践を紡ぎ出す様子を捉えるには、前章で注目した「自由な時間」がカギを握る。その内実は、「遊ぶ」「ぼーっとする」「ぶらぶらする」といった時間であることが明らかとなった。それらは広義に「遊び」とひっくるめて呼ぶことができるだろう。本来「遊び」とは、「社会から強制されない自由な行動」［青柳一九七七：一八］と定義されることから、そこに子どもたちの主体的な行為を捉えることができる。ただ、「社会」を「子ども社会」を含めて考えた場合には、子どもたちなりに互いを「強制する」ことで「子ども社会」を築くということが考えられる。まさにこの点に、子どもたちによる規範の構築をみてみたい。

第２節　遊びのなかの調査

人類学者の村での生活は、前章で捉えた子どもたちの「ぼーっとする」「ぶらぶらしている」様子とさほど変わらないかもしれない。村人たちは筆者が何をしているのか、ベンガル語を勉強していること以外はあまり理解していないように思う。人びとにとっての日常の「当たり前」を尋ねては、それをノートに記す。ときに写真やビデオを撮る。最近は、「バングラデシュのことを勉強して日本で教えるのね」というくらいにはわかってくれている。親族関係を記す○△の記号は村人たちにも馴染みとなったし、写真やビデオは筆者が次回来るときにみられると、いつも楽しみにしてくれている。村では筆者は、毎朝、食事洗濯をすませると、まさに子どもたちと同様に、池の畔や家屋の軒下に腰をかけてぼーっとしている。調査をはじめた頃は、外国人の物珍しさにすぐに人だかりとなったが、一〇日もすれば興味はなくなり、村人同士の会話と同様に、「今朝は何を食べたの？」とあいさつ程度に聞かれるくらいになる。(1)

しかし、子どもたちの様子は逆である。最初、子どもたちと筆者の距離は三メートルくらいあったように記憶している。つまり、筆者を三メートルくらい離れたところからじっとみていた。あるいは、興味本位で声をかけてくるおとなたちの陰からのぞいていた。筆者のほうから子どもたちにちょっかいをかけようとすると、ふと体をかわして逃げていた。次第に、おとなたちが興味をなくすと、逆に子どもたちが興味をもって近づいてくる。相変わらずこちらをじっとみては、筆者が手を伸ばそうとするとふと逃げるのだが、体をかわせたら再び寄ってくる、手を伸ばすとまた逃げる、子どもたちはケラケラと笑いながらこれを繰り返し、やがて遊びとなる。筆者がそのまま捕まえようとして追いかけると、鬼ごっこと化す。この楽しみを覚えると、子どもたちは筆者をみるたびにケラケラと笑いながら寄ってきては逃げる。そのうちに、「かずよー」と呼んでは筆者がみるだけで走って逃げる。筆者とプナイたちの最初のコミュニケーションはこんなふうに始まった。

前章でも述べたように、プナイたちの生活はその多くが自由時間で、その行動は、こうした名もない自然発生的な遊びで占められている。庭先に掛かっている洗濯物が落ちてくれれば、手の届かない物干し竿に向かって投げてみる。うまく竿に引っかからなければまた投げる。そのうち投げることが面白くなって、「雨だぁ」といって洗濯物をポンポン投げる。ヤギの赤ん坊に目が留まれば、それを追いかけ回す（大きなヤギは手におえない）。ヤギの出産時期は大体決まっているので、ある時期にはどの家にもヤギの赤ん坊がいる。一人のプナイがヤギの赤ちゃんを抱えていると、他のプナイたちも家からヤギを連れてくる。

四、五人のプナイの集団には一応のリーダーがいて、皆がリーダーの真似をしたがる。前章で紹介したパピアは、当時のプナイ集団のリーダー格であった。ある日、ままごと遊びをしているパピアたちをそばで眺めていたら、筆者を「お客さん」にしてくれた。バングラデシュではどこの家でも招かれれば必ず食事を出してくれる。パピアも、砂と石と葉っぱで料理をして筆者に出してくれた。リーダーのパピアは、他の子どもに、「葉っぱとってきて」と指示をする。プロローグでも紹介したように、「わたしはボロ（大きい）プナイだからね」と自らに指図する権利があることを主張する。その日、なぜままごと遊びが始まったかというと、おとなたちが刈り入れを終えた籾殻つきの米を蒸すための簡易かまどを作るため、粘土を掘って運んできていたのだ。その粘土の余りで子どもたちはままごと用のかまどを作り、鍋を作って料理をはじめる。これにはパピアの姉パプリの協力もあった。

また別の日には、パピアが筆者に「ムシサナ（ジャックフルーツの雄花房）食べる？」と聞いてきたので、またままごと遊びかなと思って「いいよ」というと、本当にジャックフルーツの雄花房を切り砕いて塩もみにしたものをもってきてくれた。食べてみると、えぐ味が強くてあまりおいしいものではなかったが、あとで村人に聞くと、子どもたちが食べるおやつだという（おとなたちはほとんど食べない）。ジャックフルーツの果実は大きくてプナイたちだけでとって食べることは不可能だが、小さな雄花房や、あるいは不意に木から落ちてくるボロイ（ウッドアップル）など自然のものを遊びながら食べる。

写真3-1：ままごと遊びをするプナイたち
出典：筆者撮影

プナイたちに「何の遊びをしているの？」と聞いても答えられないことがほとんどである。本人たちも意識して遊んでいるわけではないからである。また、一つの遊びは決して長くは続かず、すぐに飽きては集団を離れ、母親のもとに寄っていって、またぶらぶらする。その流れは前章のパピアの一日（資料2-1）をみれば、明らかである。

プナイたちが規則遊びを覚える機会がたまにある。それは、プロローグでも紹介したように、姉たちに「遊んでもらう」ときだ。小学生のチェレメェたちは、同年齢層の遊び相手がいないときには、プナイたちを相手に遊ぶ。そのときの遊びは簡単なルールをともない、日本でいう「わらべ遊び」のようなものが多い。資料3-1（一二〇頁）は、筆者が調査中に収集した遊びの一覧である。日本の「かごめかごめ」や「目隠し鬼」に似た遊びがあることに気づくだろう。こうした遊びをプナイたちはお兄さんお姉さんから教えてもらう。遊んでもらっているときは楽しいのだが、いざプナイたちだけでしようとすると、ルールがあいまいで、うまくいかないことが多い。

パピアの一日をみてもわかるように、プナイたちがぶらぶらする先はときに学校にも及ぶ。もちろん、バリが学校の近くだからという条件が関係している。そこには授業が始まる前に学校に来て遊んでいるチェレメェたちがいる。チェレメェたちの遊びは往々にしてルールと名前がある。グループによって若干のルールの誤差があるが、おおよその共通ルールを把握することができる。プナイたちが、このなかに入れてもらえるときもある。入れてもらうといっても、たとえば、「椅子とりゲーム」の椅子替わりにプナイたちが座らされ、チェレメェたちが回りを走り、止まれの合図でプナイの頭にタッチする。「遊びに入れてもらう」というより「使われる」という感じだが、それでもプナイたちは楽しんでいる。

N1校は二交代制で授業がおこなわれており、午前に幼児科と一、二年生、午後に三、四、五年生の授業がおこなわれる。午前中に行けば低学年の子どもたちの遊びにつきあえる。ときにプナイたちをも交えながら、男女に関係なく遊んでいる。その時々で流行の遊びがあるようだ。たとえば、乾季で池の水が干上がったとき、

写真 3-2：「椅子」とりゲームの様子
出典：筆者撮影

あるいは家の土盛りをするために傍の土を掘って窪みができると、子どもたちにとっては絶好の遊び場になる。当分の間は資料３‐１にある「クマル」遊びが流行る。「一対全体型」の遊びは出入りが自由なので、途中から入ってくる子どももいれば、疲れれば各自が自由に去る。校庭には遊びに加わらずに友人としゃべりながらぶらぶらする子どもも少なくなく、皆が思い思いに過ごしている。

午後になると、三、四、五年生が学校にやってくる。一二時二〇分から始まるが、三〇分から一時間前にやってきて、やはり校庭で遊んだり友だちと談笑したりする。また、午後四時までの間に一度休憩があり、その間にも子どもたちは校庭で遊ぶ。筆者は、N1校では二〇〇三年に小学四年生だったクラス（二〇〇四年にはそのまま子どもたちと一緒に五年生に進級）で一緒に授業を受けていたので、午後から学校に来る子どもたち、とくに四年生クラスの子どもたちと時間をともにすることが多かった。筆者が子どもたちに遊びのルールを尋ねたり写真を撮ったりしていると、次々にいろいろな遊びを教えてくれた。その成果が資料3 - 1でもある。しかし、ルールを理解するには一緒に遊ばなければ難しい。一緒に遊んでいるとすぐに疲れてしまって、子どもたちほど上手になれなかったが、子どもたちは筆者を大目にみてくれることが多かった。大阪弁でいう「ごまめ扱い(2)」である。「ごまめ扱い」とは、一人前でない子どもが仲間に混じって遊ぶときに、特別にルールを大目にみる扱いである。たとえば、弟や妹を連れて友人たちと遊ぶと、弟や妹も遊びに加えざるをえない。しかし、そうすると必ず弟や妹が負けてしまうので遊びが成立せず面白くない。そこで、そうした年下の子どもには、通常一回でオニになるところを三回まで許すとか、場合によってはオニを免除するなどのハンディをつける。子どもたちは、遊びにおいて明らかに劣っていた筆者をごまめ扱いにしてくれた。むろん、この対処は、年下の子どもたちを交えて遊ぶときにしばしば用いられる。あるいは、一度は四年生のクラスで休み時間に、ベンガル語の教科書に出てくるお話をもとに劇をして遊ぼうということになった。筆者にはナレーターの役が与えられた。しかし、筆者の読むスピードがあまりに遅いので、「もういい」といって役を下ろされてしまった。このように、遊びには適当なスキルが必要で、「ごまめ扱い」に象徴されるような半人前扱いで仲間に入れたり、スキルがついていかなければ仲間から外されたりもする。「子ども観」で述べた、子どもたちを「ブジナイ(わからない)」とする扱いも、おとな社会に面する際の、まさにこの駆け引きに近いと筆者はみている。

また、子どもたちと遊んでいて困ったことがあった。序章でも述べたが、筆者は男女という点ではマージナルな立場で、両方の子どもたちとの関わりを目指していた。プナイや、低学年に相当する子どもたちと遊ぶときにはそれほど問題にならない。しかし、高学年に相当するチェレメェたちと遊ぶときには、ときにこの点が問題となった。女の子と遊んでいると男の子とは遊べないし、逆もまた然りである。一度は女の子たちに、「あなたはどちらと遊ぶの？」と問われたことがある。「どちらも一緒に遊びたいんだけど、できないかなぁ？」と筆者がいうと、仕方ないなぁという表情で、「ドラクック」（資料3 - 1の12参照）を男女対抗でしようということになった。筆者は人数のバランスから女子チームに入ることになった。結果、男子チームが勝って大騒ぎをしていると、女の子たちは「だから男の子と遊ぶのは嫌なのよ、すぐにズルをするんだから」と機嫌を悪くしていた。それ以来、筆者はどちらかを選ばざるを得なくなったのだが、できるだけ隔たりなく両方と、と思っても、子どもたちの一員になればなるほどそうはいかず、結果的に二〇〇三年から二〇〇四年の調査では、どちらかというと男子集団のほうが筆者に近かったかもしれない。二〇〇〇年の調査時には女子集団のほうが近かったので、筆者自身の性別はあまり関係なく、そのときの相性や偶然性によるものといえよう。

学校を離れた集落内での子どもの遊びにおいて、筆者が一緒に遊ぶことができたのは、冒頭で述べたプナイたちが中心であった。プナイと一緒に遊ぶ女の子たち（メェ）とは遊ぶこともあったが、男の子たち（チェレ）と、狭義の遊びをすることはほとんどなかった。男の子たちは集落外の広場などに集まってクリケットなどの組織だった遊びをすることが多い。それに対して女の子たちは、集落内にとどまり、女の子同士で遊んだり、プナイたちを交えて遊んでいたので出くわすことも多かった。子どもたちは、一緒に遊ぶことはなかったが、男の子たちが集落外に出かけるのについていくことは頻繁にあった。子どもたちは、村の内外の友人や親戚を訪ねたりする。筆者を、学校の友人の家に遊びに連れていってくれることもたびたびあったので、おかげで当時N1校四年生に在籍していたすべての子どもたちの家を訪ねることができ、家庭背景も調査できた。筆者のほうから「〇〇の家に行きたいんだけど」と子どもたちにお願いすることもあった。

このように、筆者の調査は「ぶらぶらする」「ぼーっとする」ことからして、その行動のみかけは子どもたちの自由行動とほとんど変わらないため、子どもと遊ぶなかで調査をしたようなところがある。もちろん「ぼーっとする」なかでは、前章のシャンティやシムルらと会話を交わす時間も多かった。

第3節　集団遊びの段階的変化

遊びをとおした子どもたちとの交わりをもとに、子どもたちの遊び集団およびその遊び内容の段階的な変化を捉えてみたい。非体系的な遊びも含め、子どもたちが集団を構成して遊ぶのは、ある一定の限られた時期である。「ギャンダ」を脱して「プナイ」と呼ばれるようになる三歳頃から子ども間の接触をもつようになる。そして、成長とともに行動範囲を広げ、交友関係を築いていくが、中学校に通う一二歳頃になると特に女子の間では集団で遊ぶ姿はほとんどみられなくなる。子どもたちが集団遊びをするのは、この約一〇年足らずの間である。筆者が彼ら彼女らと「遊び」を共有するなかで、その段階的な特徴を捉えると、おおよそ四段階に分けることができる。

個々の子どもの側からみれば、この第一から第四までを段階的に経験していくことになる。段階的変化を後押しするのが、遊びの構造的違いである。前節で述べたように、ルールに従えることが、集団に入れてもらえるかどうかの決め手となる。資料3‐1に挙げた各規則遊びの構造を検討してみよう。

一覧に挙げた二一個の遊びを構造別に分類すると、

①一人の特別な役割をもつ者とそれ以外の者による遊び（一対全体型）
②全員が同じ役割で対抗する遊び（全員対抗型）
③一人対一人が順番に展開される遊び（「一対一+その他」型）
④二組に分かれてチーム対抗する遊び（二組対抗型、二人対抗型）
⑤一人ずつ順番にスキルを競う遊び（順番型）

の五種に分けることができる。これらを遊び集団の四段階に当てはめると、表3-1のようになる。

第一集団の子どもたち（プナイ）は、日常の遊びの大半が自然発生的な遊びであるが、年上の子どもと接するときに、ルールのある規則遊びに接する。その遊びは、一対全体型や一対一+その他の遊びが多い。これは、年上の子どもたちが第一集団の子どもと遊ぶときには、自らが主導権を握り、年下の子どもたちを操るようにして遊ぶからといえる。年下の子どもたちは、一人の特別な役割を年上の子どもに任せ、その他大勢の役割を演じる。あるいは、一対一+その他の遊びにおいて、各自が順番に遊び方を学ぶ。さらに、バグオサゴル（資料3-1の6）やゴルボンディ（7）のような遊びでは、プナイたちは椅子とりゲームの椅子のように使われて、遊びに加わる。そうしたなかで彼ら彼女らも規則遊びを学ぶ。そして、年上の子どもがいないときには、リーダー格のプナイが自ら主導権を握って習ったばかりの規則遊びを再現しようと挑戦する。

逆にいえば、第二集団の子どもたちは、第一集団の子どもたちを「使って」遊ぶ。一人の特殊な役割を担うのはチェレメェ層の子どもで、主導権をもって一人対その他大勢の遊びをおこなう。一対全体型の遊びの

表 3-1：4 段階の遊び集団の比較

	第 1 集団 プナイ	第 2 集団 チェレメェ	第 3 集団 チェレラ／メェラ	第 4 集団 チェレ／メェ
年齢層	3 ～ 5 歳	6、7 歳	8 ～ 11 歳	12 歳以上
男女	男女混合	男女混合	男女別	男女別
構成人数	約 3 ～ 6 人	約 6 ～ 10 人	男子：6 ～ 10 人 女子：3 ～ 10 人	集団構成が減少
行動範囲 （集団内関係）	バリ周辺	集落内	男子：集落内外 女子：集落内	男子：村外も 女子：集落内
遊びの内容	ルールのない遊び 名のない遊び 遊びの模倣 「その他」の役割	単純な規則遊び ・1 対全体型 ・全員対抗型 ＋「その他」	遊びの複雑化 規則遊び ・対立型 ・順番型	しゃべる ぶらぶらする
学校空間	なし 年上集団に交じる	校庭で集団遊び	校庭で集団遊び	学校で遊ばない

出典：観察をもとに筆者作成

規則は比較的単純なので、一人の役割を担う者はルールを理解していなければならないが、「その他」の役につく子どもたちはルールが多少わからなくてもよい。ルールを理解するのが未だ困難なプナイたちでも交じって遊ぶことができるのだ。そして、第二集団の子どもたちは次第に、二組に分かれて対立する遊びをおこなうようにもなる。対抗型の遊びは一対全体型の遊びよりルールが複雑になる。

第三集団の子どもたちには、二組に分かれた対立構造をもつ遊びをする様子が多くみられる。対抗型の遊びはルールが複雑さを増し、子どもたちは二つのグループに分かれて同グループ内で戦略を練るなど、遊びにおける相互行為も複雑になる。また、各集団によって構成員の特徴があらわれ、集団の構成員の差異によって遊びも多様化する。たとえば、「男子が好む遊び」と「女子が好む遊び」の差異が明確にあらわれる。男子の遊びの方が女子の遊びよりも成員の数が多く、二組に分かれた対抗型の遊びが多い(3)。それに対して女子には、「ゴムとび」のようなスキルを競う遊びがよくみられる。調査時に、子どもたちがほぼ毎日のようにおこなっていた遊びには、男子ではダリバンダ（資料3-1の11）やチクチク（13）、女子ではハットケラ（19）が人気であった。また、ドラクック（12）は、男女ともに遊ばれていたが、男女が一緒に遊ぶことは稀であった。つまり、この時期の子どもたちの男女間には、同じ場を共有しながらも一緒に遊ばないという選択があらわれ、さらに男女で異なった遊びをするようになる。また前述のように、第三集団の男女では行動範囲の差から、遊び集団の構成員も、男子は比較的互いの年齢が近く、同年齢内で集団を構成することが多いのに対して、女子は異年齢層が交じって遊ぶことも多い。

さらに、第三集団の子どもたち、とくに男子では、第二集団の子どもたちが第三集団の子どもたちの仲に入ろうとするのと同じように、年上の男子たちと一緒に遊ぼうとする移行期がみられる。サッカーやクリケットをしている集団には、第四集団の男子のなかに、あるいはその傍に、第三集団の子どもたちが交じっている様子がしばしばみられた。第四集団の子どもたちは次第に、いわゆる狭義の「遊び」をしなくなり、「しゃべる」「ぶらぶらする」時間が増えるが、そこにも男女の相異がある。男子の方が比較的年齢が上がっても集団遊びをする。第四集団の女子にみられる遊びは、おはじきやお手玉に似た手遊びくらいである。この「遊ばなくなる」ことが生活時間の変化に関係していることは前章で述べた。家庭での役割が増すにつれて、遊びに必要なまとまった時間を確保するのが難しくなり、自由時間は短い時間の積み重ねになる。短い時間内では規則遊びを形成しにくく、友人と「しゃべる」「ぶらぶらする」くらいになる。

各集団の遊びの特徴にみられるように、遊びの構造や集団構成員の属性は、年齢が上がるごとに複雑化し、集団に属するにはルールや規範の理解が不可欠となる。より複雑な遊びを理解するという成熟度が、集団に参加できるかどうかを決める。

年齢を追うごとに集団の構成員や規則も複雑化していくのだが、子どもたちは遊び仲間をどのように選んでいるのだろうか。

第4節 男女別集団形成――「一緒に遊ばない」という意識――

集団の変化で最も顕著にみられたのは、男女が一緒に遊ばなくなるということである。そこで、筆者が男子女子どちらと遊ぶかを選ばざるを得なくなった子どもたちに、「異性と一緒に遊ぶか」「なぜ一緒に遊ばないのか」を尋ねてみた。聞き方は、学校での休み時間に、三、四、五年生の学年別性別のグループ毎に座談会的な場を設定した。また、五年生の子どもたち（前述の四年生から進級）には個別にも聞いてみた。

個別に「異性と一緒に遊ぶか」と尋ねると、ほぼ全員が「遊ばない」と答えた。なかには「遊ぶべきでない（*ucit nai*）」と表現した女子もいた。グループでは、五年生女子と三年生男女は「遊ばない」と答え、五年生男子と四年生男女は「遊ぶ」と答えたが、話しているうちに、実際はあまり一緒に遊ばない現状が述べられた。そのなかで、多くの子どもたちが「小さいときは一緒に遊んでいたけれど、今は遊ばない」という意見を述べた。また、女子の間では、「年上の男子（兄ら）とは遊ばないが、年下の男子（弟ら）とは遊ぶ」という意見もあった。

「小さいときには一緒に遊んだ、または年下なら異性でも遊ぶのに、今はなぜ同年代の異性とは遊ばないのか」と聞くと、以下の四つの視点が示された。まず、「小さいときはわからなかった（ブジナイ）から。今はわかる（ブジ）。大きくなって男女が別々にいることがわかるようになったから」という意見である。男女は別々に遊ぶべきものというのが前提としてあり、それが「わかるようになった（ブジ）」という「意識的な変化」である。二つ目は「身体的差異」である。女子グループの会話では、「性役割の差異」についても言及された。「男子は体が大きくなって力が強くなるから」という意見が聞かれた。一方、男子の会話では、「男子は外で仕事ができるし、外に出かけたり遊んだりするけれど、女子はいつもバリにいて、バリで仕事をするから」という。この視点で注目したいのは、「遊び」の話であるにもかかわらず、そこに仕事についての話が重ねられることである。彼らは、外で仕事をすることが、彼らの行動範囲を広げ、それが遊ぶ仲間にも影響していると考えている。さらに男子の会話では、「小さいときはそんなに仕事はない」というように、成長とともに仕事が増え、仕事が男女によって異なるから、遊び集団にも違いが出てくるという認識がある。子どもたちにとっての「遊び」と「仕事」の境界のあいまい性は、前章でも捉えられた。彼ら自身にもそのような感覚があり、仕事手伝いの時空が遊びの時空に影響することを証明している。

異性と遊ばない理由の四つ目として挙げられるのは、「恥ずかしい（ショロム *sharam*）／（ロッジャ *lajja*）」という「感情的な変化」である。異性と一緒に遊ばない理由に「恥ずかしいから」と答える子どもは、個人、グループとも非常に多かった。この感情は、男女が成長するに従って増すという理解がある。「大きくなって恥ずかしくなった」、「小さいときはショロムがなかった」、「小さいときはショロムがなかった、プナイだったし。……プナイにはショロムはない」、「今の方が小さいときより恥ずかしい」、「小さい男子とは遊びたいけれど、大きい子たちとは遊びたくない……ロッジャがあるから」などと表現される。感情的な変化は、「ブジ」を得るという意識的な変化とも関連している。本来は一緒に遊ぶべきではない男女が一緒に遊ぶことは

「恥ずかしい」ことであるという認識を、彼ら彼女らは共有しているのである。

さらに、「恥ずかしい」という感情は、彼ら彼女らが自らを位置づける集団内の親密性をも形成する。その傾向は、とくに女子の集団に強くみられた。「そんなの恥ずかしいよね」といって、周りの友人たちと顔を見合わせながらクスクス笑う姿は、いかにも感情を確認し合っているかのようであった。このようにして、男子と一緒に遊ぶ行為に対して「恥ずかしい」という認識を与え、その認識を集団内で共有する。その認識を共有していることが集団への帰属に繋がり、集団から仲間外れにされないように自らの行動を規制する。

このように、男女の別集団形成は、遊びに限られたことではなく、むしろ遊びが生活に密接していることを、子どもたち自ら示している。「男女が一緒に遊ぶことを好まない」という子どもたちの意識化は、社会規範を「わかっている（ブジ）わたし」を自覚することで、自らの成長をも意味する。「小さいときは一緒に遊んだが、今は遊ばない」という認識は、小さい子どもたちを自分たちとは異なる存在として差異化していることを示す。「プナイだったし」という表現にはまさにその認識を捉えることができる。子どもたちは、集団の特質を見極め、あるいは構築し、そしてそこに同調することで「ブジ」を獲得し、行動や意識を徐々に年上集団に合わせることで、能動的かつ段階的に自らの行動を規制しているのである。

第5節　「正しい行為」の認識――「わかっているわたし」――

さらに子どもたちの主観的な「規範」を聞き出してみようと、子どもたちのもつ「よい子」「悪い子」像を聞いてみた。子どもたちが他者との関係性をどのように認識しているのかをみてみたい。前述と同じ男女別各グループに、「よい子：よい女の子（バロメェ *bhalo meye*）、よい男の子（バロチェレ *bhalo chele*）」と「悪い子：悪い女の子（カラップメェ *kharap meye*）、悪い男の子（カラップチェレ *kharap chele*）」に関するグループインタビューをおこなった。

（四年生女子のグループ）

筆者：「よい男の子（バロチェレ）」ってどんな子？

複数：メヘディやモホンみたいな子。オプも。オプは恥かしがり（ロッジャ）だけどね。

シャプラ：「バロチェレ」は皆と一緒に遊べて、恥かしがらず、皆のことを好きで、「アプニ」と呼ぶのよ。

ナルギス：ラゾンはとても穏やかな子だよ。

シャプラ：わたしたちの手助けしてくれるし、「アッパ（*appa*：お姉さん）」って呼ぶし。

ナルギス：ドアが閉まっていたらすぐに開けてくれる。敬意を払う（ションマン *shamman*）。

シャプラ：わたしたちのことを「アッパ」って呼ぶ。

ナルギス：シャプラのことを「アッパ」って呼ぶ。

シャプラ：もし「アッパ」って呼ばなければ、「アッパ」と呼べとか呼ばないとかでケンカになるもの。

筆者：みんなシャプラとナルギスのことを「アッパ」って呼ぶの？

ビュティ：この二人は大きいから。

シャプラ：わたしたちに皆敬意を払うのよ。

ナルギス：シャプラが一番大きくて、次がわたし。でも同じバリで住んでいないからどっちが大きいかはわからないけれど。まぁでもシャプラが一番大きいと思う。

筆者：男の子たちもシャプラとナルギスを「アッパ」と呼ぶの？

ナルギス：時々ね。でもケンカになったら「トゥイ」って呼ぶのよ！

筆者：じゃあ「悪い男の子（カラップチェレ）」はどんな子？

……（省略）……

ナルギス：シファットはクラスで一番カラップチェレよ！　わたしは年上（ボロアッパ）でシャプラはもっと大きいのに、わたしたちのことを叩くのよ！　あなたはわたしたちより大きいから、ケンカしてもわたしたちは叩かないでしょ。シファットはわたしたちを叩くのよ！

ビュティ：「トゥイ」って呼ぶし。

……

四年生女子のなかでシャプラとナルギスは身体的に他の子どもたちより明らかに大きい。ほかの子どもたちは、友人としてこの二人と接するが、一方で自分たちよりも年上と判断し、それに応じた接し方をするのである。本人たちもそれを当然と判断する。具体的には、「年上の人にはいつも『アプニ *apni*（二人称尊敬語）』で話す」、逆に「悪い子」の象徴としては、「年上の人に「『トゥイ *tui*（二人称軽蔑語）』で呼ぶ」という認識である。それは、筆者に対する子どもたちの態度とも一致する。前章で明らかにしたように、子どもたちは日常生活において頻繁に異年齢のおとなや子どもとの接触の機会をもつ。その豊かな関係のなかで、いかにふるまわなければならないか、他者に対する自らの立場を体得していく。それは、子どもが成長とともにやがておとなに近づいていく連続性のなかで、すでに子ども間においても適用されているのである。そして、どのようにふるまうべきかということを「わかっていること（ブジ）」が重要とされる。

また、「よい子」「悪い子」像では、性格についての言及も多く聞かれた。最も多く言及されたのは、「しゃべる」という行為に繋がる要素である。穏か（シャント *shant*）であることは美徳とされ、しゃべり過ぎる（ベシコタボレ *beshi kotha-bole*）のはよく思われていない。しかし、まったくしゃべらないのも問題のようである。また、「嫉妬・やっかみ（ヒンシャ *himsha*）」という言葉も頻繁に聞かれた。やっかむのは「悪い子」の要素とされる。バングラデシュの社会では、人びとは他者から嫉妬（ヒンシャ）をかうと悪いことが起こるとして、嫉妬されないように注意する、というのをよく耳にする。たとえば、自分のもっているものを他人が欲しがった場合、いくら自分があげたくなくても、他人から嫉妬されないためにはあげなければならない。また、他人に嫉妬することは相手を呪うことに匹敵するので、よくないこととされる。この嫉妬に対する認識を、子どもたちもすでにもっている。

さらに少数意見ではあるが、女子にとっては容姿のかわいさも「よい子」の条件として挙げられている。しかし、容姿はそれだけでは成立しないことが次の会話からわかる。

（五年生女子グループ）

筆者：「バロメェ（よい女の子）」には綺麗なことも関係するの？この学校でいえば誰かな？
アルポナ：レゼナ、三年生の女の子。容姿はとてもかわいいけれど、でも好かれてはいない。
アルジナ：容姿はよいけれど、ふるまいがよくないから。
アルポナ：だから「バロメェ」ではないわ。
筆者：どうして好かれないの？どんなふるまいをするの？
アルポナ：遊んでいるときに、いつもいたずらするのよ。だから一緒に遊びたくなくなる。

子どもたちの会話から「よい子」「悪い子」の条件として挙げられた要素を抽出して分類すると、①行為、②対人関係のもち方、③性格、に分けられる（表3－2参照）。

このなかで最も多いのは行為に関する内容で、その条件は非常に具体的である。多かったのは「ケンカをするのは悪い子、ケンカをしないのがよい子」、次に「勉強するのがよい子」、「いたずらするのは悪い子」、などが挙げられる。ふるまい（ベボハル *bebhar*）も、よい子悪い子の条件として挙げられる。ふるまいは性格や対人関係で挙げられる要素にも繋がっているようである。また、男子の間では、カード（賭けごと）や飲酒タバコなど、成人男性の好ましくない行為が「悪い子」の条件に挙げられることもあった。

対人関係では、友だちと仲良くする、目上の者には敬意を払う（ションマン）、年下の者をかわいがる（スネホ *sneh*）、両親のいうことを聞く、に集約される。前に紹介した四年生女子の会話にみられたように、と

表3-2：「よい子」「悪い子」の条件

分類	内容	数	ベンガル語
行為	ケンカしない、する	14	ジョグラ *jhagra* マラマリ *mara-mari*
行為	勉強する、しない	14	
行為	悪事、いたずらをする	13	ドゥストゥミ *dushtumi*
行為	ふるまいがよい	10	ベボハル *bebhar*
行為	仕事をきちんとする	7	
行為	盗み	5	チュリ *curi*
行為	叩く	4	マレ *mare*
行為	助ける	4	シャハッジョ *shahajj*
行為	口ごたえをする	3	アウ *au*
行為	学校にちゃんと通う	3	
行為	酒やタバコをする（カラップメェ）	2	
行為	挨拶をする	1	
行為	勉強の時は勉強、仕事の時は仕事、遊ぶ時間は遊ぶ	1	
行為	用事がないのに外出する（カラップメェ）	1	
行為	化粧をたくさんする（カラップメェ）	1	
行為	口をまげる	1	ウランマラ *uramara*
行為	カード遊び（カラップチェレ）	1	
行為	いじめる	1	
行為	家で料理する（バロメェ）	1	
行為	「できない」とすぐにいう	1	パリナ *pari-na*
行為	「あっち行って」という	1	ジャオ *jao*
行為		89	
対人	友だちと仲良く	25	
対人	目上の人に敬意を払う	17	ションマン *shamman* マンナ *mamna*
対人	父母に敬意を払う	7	
対人	年下の者を可愛がる	5	スネホ *sneh*
行動	異性との接し方	4	
対人	先生に敬意を払う、いうことをきく	3	
対人		61	
性格	性格（穏か等）	11	シャント *shant*
性格	話す（おとなしい、うるさい等）	4	コタコム *kotha-kom* チャパチャピ *chapachapi*
性格	他人をやっかむ	3	ヒンシャ *hinmsa*
性格	見た目	2	シュンドル *sundar*
性格	恥かしがらない	1	ロッジャ *lajja*
性格	健康	1	シュスト *susth*
性格		22	

出典：筆者作成

くに年上や年下との接し方は「よい子」「悪い子」の重要な条件を成す。

子どもたちが認識するこうした行動規範には、子ども特有のもの（おとな社会では通用しない、あるいは意味が逆転するもの）はほとんどなく、おどろくほどにおとな社会の規範を反映している。それは、彼らがこれらの規範をおとなと子どもが交じりあう関係性のなかで獲得する状況があるからだといえる。しかし、実際に子どもたちがこれらの規範を厳密に実行しているかというと、決してそうではない。ここに示されたのは、彼ら彼女らが「どう理解しているか」という主観的認識である。実際の子どもたちは、毎日誰かと誰かがケンカをしているし、「おとなしい子が『よい子』だ」という子ほどよくしゃべり、「うるさい」といって先生に叱られている。しかし、認識と実態がずれていたとしても、こうした規範を「わかっている（ブジ）」という自覚が、積極的に自らを年上集団へともち上げるのである。そしてその先が、おとな社会へと繋がっている。おとなたちは、子どもたちの実態が規範にそぐわなくても、認識のうえでは徐々に理解し、そのうちに実態がともなってくるものとの安心感から、「まだわかっていなくても仕方がない」と放ったらかしにできるのかもしれない。

第6節　遊び仲間の関係

「誰と遊ぶか」という視点をもう少し踏み込んで、仲間関係の内実をみてみたい。集団を構成する仲間は彼ら彼女らの行動範囲や遊びの理解度に寄与することはすでに述べたが、たとえば学校では、同じ場にあって、どのように仲間を選んでいるのだろうか。

五年生の男女一六人に、「学校で遊ぶ相手」と「家で遊ぶ相手」の具体名を挙げてもらったところ、子どもによって列挙する度合いの差こそあるが、平均すると、学校で遊ぶ友人としては約五・五人、家で遊ぶ相手として約三・五人の名前が挙げられた。学校で遊ぶときの方が集団の規模が大きくなることは、実際の観察からも確認できた。具体的に挙げられた名前には、学校で遊ぶ場合には同村出身者だけでなく学校で出会う他村の友人も含まれる。それに対して「家で遊ぶ相手」では、集落内の子どもや、きょうだいイトコに限られる傾向がある。このことから、場としての学校は子どもたちの仲間関係を築くが、それが私的空間にも反映されているとはいい難い。

また、学校で遊ぶ集団の内実をみても、集落内の関係がまったく取り払われるわけではない。たとえば、男子たちの間では二組対立型の遊びが多くみられるが、チーム分けは、同村同集落の出身など、より近しい関係に依拠することが多い。ある日、男子たちの帰宅につきあっていたとき、彼らが、明日学校で遊ぶ「ムロッグジュット」の作戦を練る話をはじめた。五年生男子が三年生男子に対して、「自分が○○を攻撃している間にお前は○○を攻撃しろ、○○から先に倒せ」などと指示していた。「ムロッグジュッド」は全員対抗型の遊びであるにもかかわらず、同村出身者同士が協力して他村出身者を倒すなど、チームワークを意識している。彼らの学校での集団遊びは集落（村）対抗を形成することがしばしばある。その繋がりは、教室を通じて形成される同級生の枠組みよりもはるかに強い。

さらに、子どもたちにとって、学校の内外で築かれた関係は、ときに学校という枠そのものを無意味なものにさえしてしまう。子どもたちは、友人関係において、一緒に遊ぶだけでなく喧嘩をすることもしばしばある。仲のよい友人もいれば、気の合わない友人もいる。いつも一緒に遊ぶ友人との喧嘩は次の日には何もなかったかのように回復するが、気の合わない友人との喧嘩は子どもたちに学校からの離脱をもたらすこともある。子どもたちは、友人間の喧嘩が原因で他の学校へ転校することがある。逆に、同じ集落出身の友人やイトコきょうだいが転校すれば、一緒に転校してしまうケースもある。(4) こうした転校は制度的には認められていないが、親や教師は、子どもが友人関係によって学校を移動するのに対して、「子どもはわからない（ブジナイ）から仕方がない」といって容認する。

このように、子どもたちの仲間関係をみると、「子ども社会」を形成する関係は、学校よりむしろ村落社会にあるようだ。

以上、本章では、子どもたちが集団形成を通して、自ら行動を規定していく段階的過程と、それを方向づける関係性を捉えた。子どもの遊び集団には、段階にのっとった構成員の違いがみられる。また、各集団によって遊びの内容も異なり、年上集団になるごとに、遊びはルールを増して複雑化する。子どもたちにとっては、ルールに関する共通理解をもっていることが、集団に加わる条件となる。さらに、ある時期になると、集団の構成員に年齢以外の差異がみられるようになる。その最も顕著な差異が男女の別集団形成であり、子どもたちは、意識的に異性と一緒に遊ばなくなる。こうした行動規範は、自らが属そうとする集団の共通認識や同質性を求めることによって促されている。それが、子どもたちにとっての「ブジ（理解）」を意味しているのである。

さらに、彼らが集団を形成するなかで得る「ブジ」（たとえば男女の行動規制や異年齢層との接し方）は、おとな社会の規範に通じている。それはなぜか。彼ら彼女らは、村落社会での関係を基盤に生活しており、おとなや年上の子どもを模倣し、年上集団を目指して自らを適応させていくことで、規範を受け継ぎ体現しているからである。いい換えるならば、規範は、子どもたちが自らをそうした関係のあり方に適応させ、それを「わかっている（ブジ）わたし」と位置づけることを通じて、次第に築かれていくものである。子どもの遊びにおとなが直接関与する様子はほとんどみられなかった。「男女が一緒に遊ぶべきでない」とか「あそこの家の子とは遊んではいけない」などと親が子どもに命じる様子は、筆者の知る限りみられなかった。むしろ逆に、子どもが築く関係性を容認し、学校を転校することさえ許してしまうほど、子どもの主体性が許されている。そうしたおとなの無関与があるからこそ、子どもたちは彼らなりの関係と自覚にもとづいて、結果的に規範を獲得していくのである。

注

（1） 朝食をめぐるコミュニケーションについては南出［二〇〇六］で紹介している。
（2） 「ごまめ」の語源は、「大きな魚同士が争っている側で泳いでいる小魚をたとえたもの」とある［三省堂］。
（3） たとえば、資料3-1の、8、14、15、16の遊びは、ほぼ男子にのみみられる遊びである。
（4） 第5章で詳細に述べる。

資料 3-1：規則遊びの一覧

No	名称	図式	遊び方	構造分類	集団規模	遊び集団	その他
1	チョトチョトプティ *Choth Choth Puti*	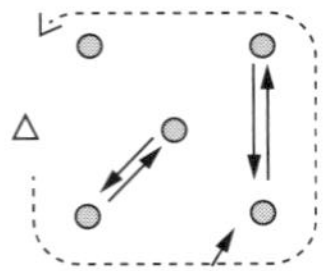	○が四角と真ん中に位置する。△が○の周りを歌をうたいながら回る。△が回っている間に○は他の○の位置に移動する。△は、○が移動する間に割り込んで位置を取る。ポジションを取られた○が△と交代する。△が立ち止まると歌も止まり、○は動いてはいけない。	1対全体型	6人	第1 第2	歌：♪ *Choth choth puti choth mala gati boro boro puti boro mala gati.*
2	カナマチ *Kanamachi*	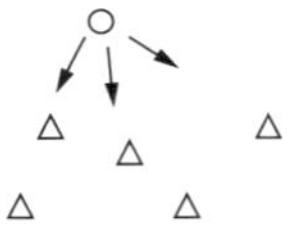	○は目隠しをして△を捕まえる。△は歌をうたって○に居場所を知らせながら○の周りを逃げる。	1対全体型	通常4人～無制限	第1 第2	歌：♪ *Kanamachi Bobo Jare pabi toreche*
3	クミル *Kumir* （わに）	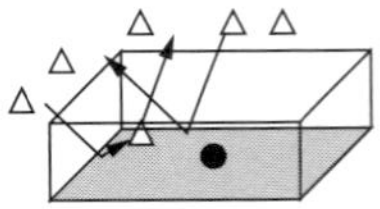	水が干上がった池など、広いくぼみの土地で遊ぶ。 ●は *Kumir*（ワニ）で、くぼみの中にいる。△は全員くぼみの上におり、くぼみを横切って向こう岸に渡る。●は降りてきた△を捕まえて岸に揚がらせないようにする。捕まった△が●に代わって *Kumir* になる。	1対全体型	通常4人～無制限 （多数）	第1 第2 その混合	幅広い集団層が一緒に遊ぶ

4	ティルテュロ *Tirthulo*	かくれんぼ	一人が目隠しをして数を数えている間に他の者は隠れる。数分経ったら隠れた者を一人が探しに行く。	1対全体型	通常5人～10人	第2 第3	
5	マスマス *Mach Mach*	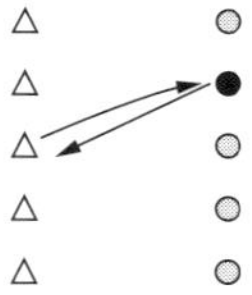	全員がしゃがんだ状態。 ●は目隠しをされている。△のうちの一人がそっと●に近づき、●の額にタッチして元の位置に戻る。●は△のうち誰が自分の額にタッチをしたかを当てる。当てられる時は△は全員下を向いている。	1対1+その他	通常6人～10人	第1と第2·3の混合 上位集団の子どもが指示	
6	バクオサゴル *Bagh o Cha-gol* （トラとヤギ）	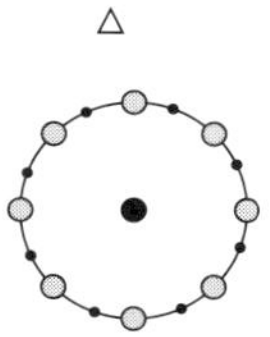	△（トラ）が歌をうたいながら手を繋いだ○の輪の外を回る。真ん中の●（ヤギ）が△の歌に「まだ～しているところ」と答えると、△は再び回り続ける。●が「できた」と言って途端に○の輪を出て逃げだし、△が追いかける。	1対1＋その他	通常6人～10人	第1と第2·3の混合 主導権は上位集団の子ども 周りを囲む役割は第1	歌：　♪ *Chun kathiya ailem basher dutho bogh deghe ailem bandi tor anda roiche na.*
7	ゴルボンティ *Gholbondi*	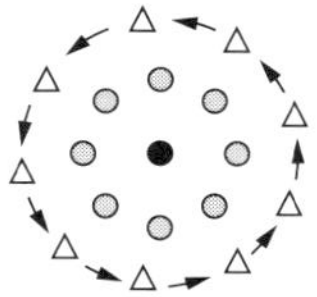	真ん中の●は目隠しをして鐘などで音を鳴らす。音が鳴っている間、△はぐるぐる回る。音が止まると○の頭につく。○は△より1人少なく、余った△が負けで遊びから出る。反対に回ると反則負け。	全員対抗型＋その他	通常10人～無制限 （多数）	第1と第2の混合 第1は座るだけの役割	

8	ムロッグジュッド *Murog Jhud-ho*	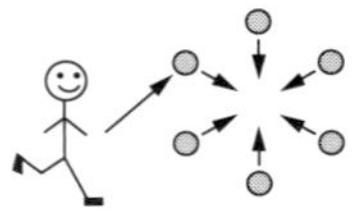	片足ケンケンをしながら互いにぶつかり倒し合う。バランスを崩して両足をついたら負け。最後まで勝ち残った者の勝ち。	全員対抗型	通常4人～無制限 (多数)	第3 男子のみ	
9	グッラシュット *Gullachoth*	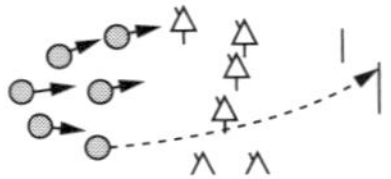	各○がポールの間を通り抜ければ勝ち。△は○が行くのを阻止する。○は△に捕まると負け。	2組対抗型	通常10人～無制限 (多数)	第2 稀に第3	
10	ティンチョットラ *Tinchotra*		地面には三角地帯が描かれる。△は三角地帯を横切って三角地帯の別の辺に行く。○は三角地帯を横切る△を捕まえようとする。△が○に途中で捕まらずに三角地帯の3辺全部を超えて元の場所に戻って来られれば勝ち。	2組対抗型	6人	第2 第3	

11	ダリバンダ *Daribanda*	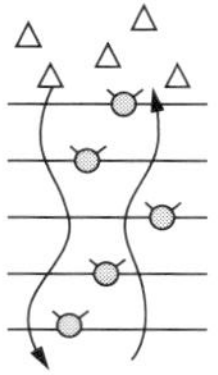	地面に5本のラインが引かれる。○は各ラインの上に立つ。△は○に捕まらないように5本のラインの向こう側に行って戻ってこなければならない。途中で○に捕まれば負け。ただし、向こう側に行って戻ってくる△と、向こう側に行く途中の△が同じライン間でかち合うとアウト。○を挟んで左右であればよい。	2組対抗型	通常8人～14人位 (偶数)	第3 特に男子	
12	ドラクック *Dorra kuku*	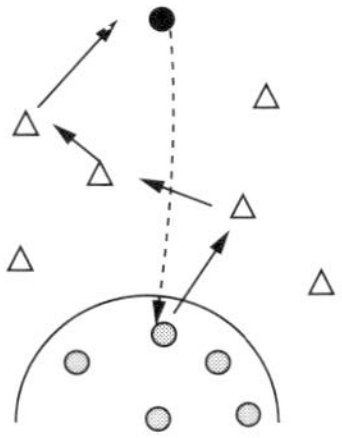	○が一人ずつ「*Kuku*･･･」と言いながら△を捕まえながら●の元まで行って戻る。複数の○が一人ずつそれを繰り返す。全体としての回数は予め決められている。全部終われば、最後に●が○の元に戻って来なければならない。そのとき、まだ「生きている」△は●を捕まえることができる。●が△に捕まらずに帰って来られれば●と○の勝ち。●が△に捕まれば△の勝ち。	2組対抗型	通常10人～20人位 (偶数)	第3 男女共 (別)	
13	チクチク *Chik Chik*	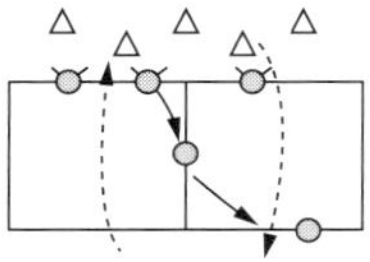	地面には枠が描かれている。 △は枠を横切って向こう岸に行き、また戻ってこなければならない。○は△が向こう岸に行くのを阻止する。○は常に枠のライン上を移動しなければならず、ライン上から落ちれば負け。△は○の手を引っ張って○をライン上から引きずり落とす。○は△の足を引っ掛けて△を倒そうとする。△は○に倒されたり捕まったりすると負け。	2組対抗型	通常8人～14人位 (偶数)	第3 特に男子	

14	ハドゥドゥ *Hadudu*	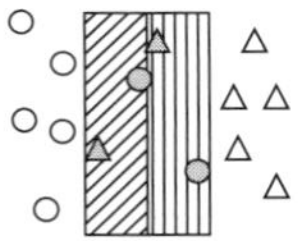	○が「*Hadudu*･･･」と言いながら△陣地（右縦線）に足でタッチしようとする。△は△の陣地内に侵入してきた○を捕まえようとする。○は捕まらずに相手の陣地にタッチして戻ってくればよい。逆も同じ。	2組対抗型	通常5人～14人（偶数）	第3 男子のみ	
15	クリケット Cricket	クリケット	11人ずつ2チームが攻守に分かれ、ボールをバットで打ち、2ヶ所にあるウィケットの間を走って得点を争う。	2組対抗型	2組各11人	第3と第4 男子のみ	
16	フットボール Football	サッカー	11人ずつの2チームが、腕や手を使わずにボールを蹴ったり頭でうって、相手のゴールに入れ合って点数を争う。	2組対抗型	2組各11人	第3と第4 男子のみ	
17	パイットパイット *Pait Pait*	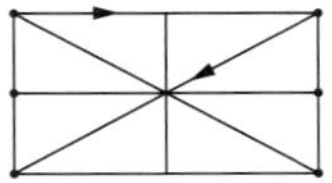	2人で遊ぶおはじき遊び。地面に升目を描いて、各自3箇所のポイントに石や木の切れ端などの駒を置く。升目のラインに従って、交互に1つずつ駒を進める。進めた先に相手の駒があれば、それを獲得できる。駒をたくさん獲得した方の勝ち。	2組対抗型（2人）	2人 （＋傍観者）	第3 第4	雨の日に軒下などで
18	ショログティ *Shologhuthi*	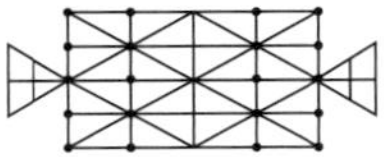	*Pait Pait*の発展型。2人で遊ぶおはじき遊び。各自の駒は16個ずつになる。	2組対抗型（2人）	2人 （＋傍観者）	第3 第4	雨の日に軒下などで

19	ハットケラ *Hat Khela*		二人が手と足を伸ばして座り、それを他の子どもたちは順に跳び越えていく。最初は片足を立て、次にもう片足を最初の足の上に縦に重ね、次はその上に手を重ね、次にも片方の手･･･というようにして次第に高さを上げる。 高飛びの他に、幅跳びもある。二人が足を開いて座り、それを順に跳び越える。最初は歩いて越える。中に足をついてもよい。次に、片足ケンケンで。次に中で足をつかずに向こう側に跳び越える。最初は両足で、次にケンケンで。	順番型 ＋障害物の役割	通常5人～8人	第3 特に女子	
20	ドリファ *Dholipha*	縄跳び	縄跳び。1人でするものもあれば、大縄跳びもある。	順番型	2人～多数	第2と第3 特に女子	大縄跳びに限り男子もする
21	フルフル *Ful Ful*	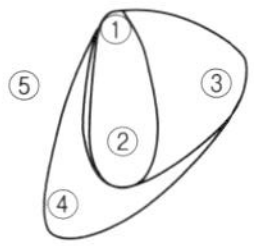	お手玉遊び。石や木の切れ端などで遊ぶ。 「*Ful Ful*･･･」と歌いながら、①の駒を投げ上げている間に②の駒を取り、落ちてくる①の駒も同時に取る。成功すると、再び①の駒を投げ上げている間に今度は②と③の駒を取る。同じ要領で次は②③④の駒を取る。最後に4つの駒を投げ上げる間に⑤の駒を取り、最初の状態に戻る。	順番型	通常2人～5人 (少数)	第2 第3 特に女子	

第4章 通過儀礼と「子ども域」

第1節　通過儀礼

第3章では、子ども間の相互行為、ことに遊びの集団形成から、子どもたちが「子ども社会」を通じて規範を主観的に構築する過程を捉えた。そこにはおとなたちの積極的な関わりはほとんどみられなかったが、むしろ放ったらかしにすることで、子どもたちが主体的に、異年齢を交えた子ども関係から規範を獲得しうる状況がみてとれた。続く本章では、おとなからの働きかけとそれに対する子どもたちの「返答」がより意識的に捉えられる機会に注目してみたい。第2章の日常生活世界においても「手伝い」を通じておとなからの段階的な働きかけを捉えることができたが、さらに意識的な交渉を捉えるために、通過儀礼という非日常の機会に着目する。

ファン・ヘネップ［一九〇九］によれば、通過儀礼とは成長にともなう人生の節目や空間的集団間の移行、また身分の変化などに際しておこなわれる儀礼である。儀礼に際して人びとは、成長や、成長にともなう役割、立場の変化を確認し、変化にともなった関係の再調整、また儀礼の主役とそこに参加する者との関係の強化をはかる。そもそも本書の目的は、おとなによる子ども認識と子どもの行為行動との接点に「子ども域」を捉え、その機能を検討することにある。この目的において通過儀礼に着目する意義は、通過儀礼が、子どもを中心とした親族やコミュニティが集まるハレの場であり、そこには当該社会における子どもの位置づけや関係のマトリックスを集約的に捉えうるということにある。さらに、主役となる子どもたち自身が、儀礼を通じて伝えられる文化的規定をいかに受け入れているかに注目し、規定のプロセスをおとなと子ども双方の視点から捉えてみたい。

ムスリムが人口の大半を占める調査地では、儀礼とみなされるものの多くがイスラームの教えにもとづいたものである。イスラームの六信五行[1]には、ムスリムが日々の生活のなかで実践すべき義務や行動が示され、人びとはこれに従って儀礼もおこなう。しかし、この五行にはいわゆる通過儀礼とみなされるものは含まれておらず、それとは別に、人生の節目に関する規定はイスラーム法で示されている。その代表的なものが、スンナ（慣行）とされる男子の割礼や、結婚に際しての儀礼原則などである。

調査地における通過儀礼には、名づけの儀礼、男子の割礼、結婚、葬儀がある。名づけの儀礼は「アキカ *akika*」と呼ばれ、出生した子どもに正式名[2]を付ける際におこなう。この儀礼では一般に、男児が生まれた場合には牛、女児の場合にはヤギが供犠として捧げられる。供犠の喉に刃を入れる際に、祈りとともに子どもの名前を唱える。アキカは、巡礼最終日を祝うイード（*Eid*：犠牲祭）と同時に執りおこなうことも可能とされている。したがって、財政的に可能な者のみが犠牲祭の供犠をおこなうのと同様に、アキカも可能な者がおこなえばよいとされる。調査地周辺では実際にアキカをする家庭はごく限られていた。これに対して、男子の割礼は、筆者の知る限り当該社会のほぼ全てのムスリム男子がおこなっていた。八歳前後に割礼をするのが一般的だが、年齢の幅は広く、都市では一五歳頃におこなったという例も耳にした。前述のように、割礼はイスラーム教義で義務づけられているものではなく慣行としておこなわれるが、それでも彼らの間では「ムスリムとしておこなうべき」儀礼、ときには「ムスリムになるため」の儀礼と理解されている。本章ではこの男子割礼に注目して、子どもの成長儀礼をめぐる人びとの交渉を検討したい。

第2節　男子割礼とは

男子割礼について若干の説明をしておきたい。マレク・シュベル［一九九二］は、男子割礼に関して多分野の視点をとり入れた包括的な研究をおこなっている。「男性器の包皮の一部を切除する」という行為を割礼と呼ぶならば、割礼はムスリムだけの慣習ではない。世界のあらゆる社会で慣行されており、地域的にはエジプトを含むアフリカ、アラブ、そして宗教的にはユダヤ、イスラーム、キリスト教徒の一部、その他と、かなり広範囲で確認されている。地域や集団によって割礼が施される年齢にはかなりの違いがあり、割礼に付される象徴的意味も異なる。

イスラーム圏で割礼は何と称されているのだろうか。アラビア語では「キタン」と呼ばれ、それに由来してイランでは「ケトナー」と呼ばれる。また、割礼がスンナ（おこなうことをよしとする慣行）であることに関連して、トルコでは「スネット」、東南アジアでは「スンナ」と呼ばれる［シュベル一九九二：七九］。バングラデシュでは、イスラーム教徒（ムスリム）を示す「ムソリマニ *musalmani*」が割礼を示すときにも使われるのが一般的で、アラビア語起源に近い「コトナ *khatna*」と呼ばれることもある。名称からみても、バングラデシュの割礼は「ムスリムとしての儀礼」であることがわかる。

さらに、割礼が儀礼として実施される際には、その土地固有の伝統的慣習との習合も強い。シュベルは割礼の儀礼を「準備期間、包皮の切除、傷の処置、回復療養期から成る［一九九二：一九］としているが、ことに準備期間においては固有の文化が色濃くあらわれる。大塚は、イスラーム圏における儀礼について、出生や割礼、結婚、死亡などに関わる人生儀礼には、それぞれの地域での伝統的な信仰体系との習合や、そこから生み出される独自の儀礼や慣習がとりわけ多く見出されるとしている［大塚一九九三：一六］。

また、近年では、男子割礼の是非について、医学や心理学的見地からさまざまな論争がなされている。男子割礼を積極的に実施する立場においては、従来から、割礼をおこなうことで局部の清潔を保つことができるという説明が、ヨーロッパの医学概論などにみられ、現在アメリカやスイスなどでも保健衛生上の理由から多くの男児に割礼が施されている［シュベル一九九二：二一、一九三］。最近では、割礼を受けていることがＨＩＶ感染や性感染症を防ぎうる効果可能性があるなどといった議論もみられる。一方の男子割礼反対派の論調としては、幼少期の割礼が精神的にトラウマをもたらすという指摘や、有無をいわさず乳児期に割礼を施すことは、子ども個人の人権に関わる問題であるといった議論もなされる。二〇一二年六月にドイツ地方裁判所では、生後すぐの割礼が「重傷害」の罪にあたるとして医師を訴えた裁判において、無罪判決を下したものの、判決文では「子どもがもつ身体の完全性という基本的権利は、親の基本的権利よりも尊重され」「子どもが割礼をするか否か自分で判断できる年齢まで待たされたとしても、親の信教の自由と子供を教育する権利を容認できないほど損なうとはいえない」との指摘をしたことで注目された［AAP2012］。本書においては割礼の是非を問うことはしないが、当該社会の人びとがどのような意義を認識してそれを実践しているかを検討するという点では、決してその存在を否定する立場にないことは明らかである。

第3節　二人の男子の割礼儀礼

二〇〇三年の滞在中に、筆者は二人の男子の割礼儀礼に出くわした。一人はN1校に通う男子ジョフルルで、筆者とはほぼ毎日顔を合わせていた。儀礼以前から親しく、家にも幾度となく訪れていた。今でも筆者は調査地の村を訪れるたびにジョフルルの実家に足を運ぶ。儀礼に際しては、ジョフルルとその家族から招待を受けた。もう一人は、筆者の滞在先家族の親戚にあたる男子アノンドで、当時R村の公立小学校に通っていた。こちらも割礼には本人と家族から、筆者は擬似親戚として招待を受けた。当時、二人とも、学校は異なるが四年生に在籍していた。二人の割礼儀礼には、その実施において現代的な変化を捉えることができる。たとえば、ジョフルルの割礼を施したのは宗教的な職能者であったのに対して、アノンドには近代医療の医者がおこなった。こうした変化からも、儀礼を実施するおとなたちの意向や子どもへのまなざしを捉えることができる。なお、儀礼の調査ではとくに映像による記録とその分析を手段として用いた。

(1)　伝統的な割礼

ジョフルルの割礼は、N集落に北接するS村で、その年の二月におこなわれた。

まずはジョフルルの家庭背景を述べておきたい。当時、家族は父母、姉と妹との五人だった。稲作農業(3)を生業とし、家畜牛を二頭飼っていた。父は四人兄弟の三番目で、各々が世帯ごとに家屋を構えて同バリ内で暮らしている。母はS村から北のブラフマプトラ川の中州村の出身である。両親ともに教育を受けた経験はない。ジョフルルの姉は当時マドラサ中学校に通っていたが、二〇〇五年の結婚を機に九年生を終えたところで辞めた。妹は当時一歳であった。家屋は藁作りにトタン屋根で、割礼とほぼ同時期に電気が引かれた。

割礼の儀礼には、準備期間、包皮の切除、傷の処置、回復療養期があるが、ジョフルルの割礼では、一日目に準備期間のさまざまな行事がおこなわれ、翌日に包皮の切除が施された。一日目のうちに親戚らが彼の割礼のためにやってきた。まず体を浄める水浴び(4)がなされる。水浴びをさせたのは、母方叔母、母方叔父の妻、父方従兄の妻であった。ウコン（ホルー *holud*）を体に塗った後、石鹸でごしごしと洗う。水浴びを終えたら、礼拝前の浄め「ウドゥー」と同じ方法で体を浄める。次に腰巻（ルンギ *lungi*）と新しいシャツを身に纏い、その場にしゃがんで、家族や親戚からの祝儀と祈り（ドア *doya*）を受ける(5)。これら一連はバリの中庭でおこなわれた。家のなかでは村のモスクのイマームを中心に、家族親戚の男性たちが集まって祈りを捧げていた。祈りに参加していたのは、父、父方伯父、母方叔父、母方祖父、父方従兄二人、母方従祖父、社会関係にもとづく父方祖父(6)であった。祈りが終わると儀礼に参加した全員が食事をとる。割礼には甘いもの（ミスティ *mishti*）が特別に食べられるが、このときは、糖蜜（グル *gur*）と米を煮たパエシュ（*payes*）、糖蜜と米粉と水を混ぜて油で揚げたテルピタ（*tel-pitha*）が出された。食事は男女別の部屋でふるまわれた。本人の意向により、儀礼には筆者と小学校教師たちも招かれた。準備期間の儀礼はここまでである。

翌日、割礼の中心的儀礼である包皮切除がおこなわれた。割礼を施したのはグッカ（*gukka*）と呼ばれる職能者である。「グッカ」とは本来、家畜の去勢手術を施す人を意味する言葉で、割礼師には適さず、割礼を施す職能者にはハジャム（*hajam*）(7)と呼ぶのが一般的である。しかし、当該社会の人びとの間ではグッカと呼ばれているため、ここではグッカと表記する。ジョフルルに割礼を施したグッカは、調査地ジャマルプール県の西に隣接するシェルプール県に住むが、妻がS村出身のため時折ここを訪れる。この日、グッカによって近所で七人の男子が割礼を受けた。七軒の家庭が資金を出し合ってグッカを呼んだのである。この近辺では北接する隣村に別のグッカがいるらしいが、腕前の評判があまりよくなく、今回の割礼を施したグッカが可能な限りにおいて頼まれる。通常、包皮切除の現場を女性が目にすることは許されておらず、部屋のなかで男性のみでおこなわれるのが一般的である。しかし、ジョフルルの場合は中庭でおこなわれた。

包皮を切除するにあたって、ジョフルルはグッカと向かい合わせに座らされ、後ろから祖父が動かないよう支えた。グッカによる割礼は手際がよく、わずか二分半のうちに終わった。使う道具も簡素である。グッカはジョフルルの緊張を解すために、名前を聞いたりしながら施す。切除の最中には、グッカに続いて信仰告白の行をいわせる。

包皮切除が終了すると、ジョフルルは祖父に抱きかかえられて部屋のなかに連れられ、ベッドに寝かされた。横には母方叔父が付き添い、周りには心配する家族親戚が男女入り混じって彼を囲んだ。包皮切除がおこなわれてすぐに、炒り米を食べる。これを食べると「強くなる」といわれるが、気を紛らわせて痛みを和らげる効果もあるのだろう。しばらくすると母が、グッカが気を吹き込んだ水をもってきて、手酌で三度飲ませ、さらにその水で体から頭に向かって三度浄めた。母方叔父をはじめ彼を囲う人びとは「大丈夫、大丈夫」といい、痛みに耐えた彼を幾度となく称賛した。

この一連の儀礼や割礼の施しに対して人びとは、「とてもよい割礼であった」と称賛した。ある村人女性によれば「包皮を切除する際、痛みのあまりに声をあげる我が子の泣き声を外で耳にする母が、子どもを思ってもらい泣きする」というのが割礼のストーリーであるという。ジョフルルの母がもらい泣きする姿はみられなかったが、たしかに包皮切除の際は儀礼のクライマックスとも呼べるような、人びととの感情の高ぶりがみられた。

(2)　近代医療にもとづく割礼

もう一人のアノンドの割礼を紹介する。時期はほぼ同時期におこなわれた。既述のように、アノンドは筆者の調査地における滞在先の親戚である。母はＮＧＯが運営する小学校の教師をしている。父は当時から遡って六年前からサウジアラビアに出稼ぎに出ていた[8]。そのためアノンドはＲ村の母方バリで、母と祖父母とともに生活していた。当時彼は一人っ子だった。父からは定期的な仕送りがあり、母も働いていることから、経済的に比較的豊かな家である。割礼は母方バリでおこなわれ、父方祖父母らも訪れた。

アノンドの割礼は、一日のうちに全行程がおこなわれた。まず、母方従叔母によって両手にメンディ（*mehedi*）[9]がつけられ、次に母方祖母と母方従祖母によって水浴びがされた。ホルーは使わず、からし菜油を塗ったあと、石鹸でゴシゴシと洗われる。水浴びの際に祖母は歌（ギット *git*）を歌いながら体を洗ったが、その様子をみた周りの者は、「水浴びの際にギットを歌うのは結婚式の水浴びよ」と嘲笑した。水浴びが終わると新しいルンギとシャツを着て、家族親戚からの祝儀をもらう。その後、母に抱きかかえられて部屋に入り、体にからし菜油を塗る。一方、台所小屋では皆にふるまう食事の準備がなされていた。食事には牛肉のカレーやポラオ（*polay*）[10]が出された。部屋では割礼をおこなう医者と親族男性たちが食べ、台所小屋や中庭で、本人や女性や子どもたちが食べた。

食事が済むと包皮切除がおこなわれる。アノンドの割礼には、近代医療に従事する医者が隣町から呼び寄せられた。医者は鞄のなかにさまざまな道具をもってきている。麻酔をするための注射、鉗子挟み、軟膏、絆創膏、剃刀などを準備する。準備が整うと、アノンドが部屋のなかで仰向けに横たわる。周りでは、母方叔父、母方祖父、母方従伯父らが見守り、ときに介助する。少し離れたところで子どもたちも様子をみている。医者は局部麻酔をしてから割礼を施す。そして、包皮の一部を切断したあとは、残った包皮が亀頭に癒着しないように、また残った包皮がそこから破れないようにと針と糸で縫う。一連の「外科手術」に要した時間は一〇分ほどであった。割礼が終わるとアノンドは母方祖父にルンギを着せてもらい、ベッドで横になる。麻酔が効いている間は痛みはなく外をうろうろするが、割礼後はしばらく外に出るべきではないと、母方従伯父に咎められる。麻酔がきれだすと次第に痛みが襲い、母が月桂樹の葉っぱを当てると痛みが和らぐとして、ベッドに横になるアノンドに付き添う。二日後に医者の所に行って薬をもらい、その後抜糸をした。

(3) 儀礼に参加した人びと

二人の割礼に関わった人びとは、ジョフルルの場合は筆者が確認した限りでは二九人に加えて群がる周辺の子どもたち（表4-1参照）、アノンドの場合は三二人と子ども数人であった（表4-2参照）。

参加者には母方親族が非常に多く、さまざまな役割を担っている。アノンドの場合は母方バリで生活しており、割礼も母方バリでおこなわれたので、必然的に母方親族が多くを占めることは容易に想像できる。ジョフルルの場合は、父方バリにもかかわらず、多くの母方親族が割礼に関わっている。第2章で述べたように、バングラデシュ社会では子どもの成長に母方親族、ことに母方オジは重要な立場にあるとされるため、割礼

表4-1：ジョフルルの割礼儀礼に関わった人びと

	儀礼の場面	関わった人びと（本人との関係）
1	水浴びをさせる人	母方叔母、母方叔父の妻、父方従兄の妻
2	浄め（ウドゥー）	母方叔母、父方従兄の妻
3	ルンギとシャツの着用	父方従兄の妻
4	祝儀	母、母方祖母、母方叔母、母方叔父の妻、父方従兄の妻、教師たち、その他
5	体にからし菜油	母方叔父の妻
6	祈り	イマーム、父、父方伯父、母方叔父、母方祖父、父方従兄2人、母方従祖父、近所の父方祖父
7	食事	参加者全員
8	包皮切除を施す者	グッカ
9	包皮切除の介添人	近所の父方祖父
10	儀礼への全参加者	本人、父、母、姉、妹、母方祖父母、母方叔父夫妻、母方叔父の妻、母方従兄弟3人、母方従姉、父方伯父、父方従兄夫妻、父方従兄、母方従祖父、母方従叔父、近所の父方祖父、学校の教師5人、友人数人、グッカ、イマーム、筆者

出典：筆者作成

表4-2：アノンドの割礼儀礼に関わった人びと

	儀礼の場面	関わった人びと（本人との関係）
1	メンディ	母方従叔母
2	水浴びをさせる人	母方祖母、母方従祖母
3	ルンギとシャツの着用	母方従祖母
4	祝儀	母、母方祖父母、父方祖父母、母方叔母、その他
5	体にからし菜油	母
6	食事	参加者全員
7	包皮切除を施す者	医者
8	包皮切除の介助者	母方叔父、母方祖父、母方従伯父
9	儀礼への全参加者	本人、父、母、母方祖父母、母方伯母夫妻と従妹2人、母方伯母、母方従伯父夫妻2組、母方従祖父母3組、母方従叔父、母方従叔母3人、母方従弟3人、父方祖父母、近所の子ども、家事使用人、医者、筆者

出典：筆者作成

という通過儀礼の場に母方オジは欠かせない。ジョフルルには四人の母方オジがいて、うち二人はダッカで暮らしているが、彼の割礼のために帰郷した。儀礼の実施に際して、重要な場面には父母は手を出さず、両親は裏方の準備に回って客のもてなしに従事することも、子どもと親族の関係構築に寄与している。

(4) 称賛するおとなたち

儀礼の際、周りのおとなたちは、子どもを励ましたり、称賛したり、あるいは心配を取り除いたりする。ことに、痛みをともなう包皮切除の場面では、「怖がらなくても大丈夫だ」「蟻に刺されるくらいのもんだ」[11]としきりに子どもを励ました。また、包皮切除を施すグッカと医者は、本人の気を紛らわせるために名前を尋ねたり、「お昼は何を食べた?」などと尋ねた。そして割礼が終わると、とくに、麻酔をせずに痛みに耐えたジョフルルに対して周りのおとなたちは、「大丈夫、大丈夫!」と何度もいい、母方叔父は「他の子どもは大泣きするのにジョフルルはよく耐えた!偉い子だ!」と、あえて皆に聞こえるような声で彼を称賛した。割礼は男子であれば必ずおこなうもので、その試練に耐えることもすでに決まっているが、こうして子どもを称賛し祝うことで子どもの成長を意味づけている。

第4節　儀礼の現代的変化

二人の割礼儀礼には、近年のさまざまな変化を知ることができる。その変化からは、割礼をとりしきるおとなたちの意向を検討することもできる。
表４‐３に、二人の儀礼の一連を比較してみると、さまざまな違いがみてとれる。さらに筆者は二人以外の男子割礼にも出くわしたが、そのあり方はさまざまで、準備期間の儀礼をほとんどおこなわずにグッカが包皮切除を施すだけという例もあった。医者による割礼も、家に呼んでくるより病院や医者のもとを訪れて受ける方が多い。その場合は、家で祝いをすることもあればしないこともある。村人やイマームによれば、準備期間の儀礼は昔は今ほどおこなわれていなかったという。それがおこなわれるようになったことからは、儀礼が祝いの要素を増し盛大になっているものと思われる。

準備期間の相異について列挙すると、①メンディの使用、②祖母による水浴び時の歌、③祈り、④食事の内容、の四点が挙げられる。アノンドの割礼にみられたメンディと水浴びの歌は、周囲の者が指摘したとおり、結婚儀礼にみられる要素であって、割礼の場では通常おこなわれない。祈りと食事内容については、イマームによれば、祈りをすることと食事に甘いもの（ミスティ）を食べることはスンナとされる。アノンドの割礼ではそのどちらもおこなわれず、代わりにご馳走がふるまわれた。これらの点をみる限り、アノンドの割礼は結婚式に近いような形でおこなわれ、盛大化の傾向にある。「子どもの通過儀礼を盛大に祝う」という親の意向は、子ども個人への注意や気配りのあらわれであるほか、儀礼の実施を通じたその家のステイタスの提示でもある。

また、二人の割礼に最も顕著にみられる違いは、グッカと医者どちらによって包皮切除がおこなわれるかという点である。当該地域では従来からグッカによる割礼が一般的で、今でも多くの場合がグッカによって施されている。しかし、アノンドのように経済的成長をみせる家では、医者による割礼を好む傾向もある。

表4-3：割礼の事例比較

	儀礼の要素	ジョフルル	アノンド
1	メンディ	なし	あり
2	水浴び	ホルー、石鹸	からし菜油、石鹸
3	水浴びの道具	笊に乗せた儀礼用道具 油を染み込ませた布に火 石鹸 ウコン	笊に乗せた儀礼用道具 油を染み込ませた布に火 石鹸 ウコン
4	浄め（ウドゥー）	あり	なし
5	新しいルンギとシャツの着用	あり	あり
6	祝儀	あり	あり
7	体にからし菜油を塗る	あり	あり
8	祈り	あり	なし
9	食事	甘い食べもの（ミスティ）	牛肉のカレー、ポラオ
10	包皮切除を施す者	グッカ	医者
11	包皮切除をおこなう過程	粘膜切除→包皮切除	消毒→麻酔→包皮切除→粘膜切除→縫う
12	包皮切除に要した時間	約2.5分	約10分
13	包皮切除に使う道具	軟膏、竹棒、竹挟み、剃刀、気を吹き込んだからし菜油、炙り消毒布	消毒アルコール、麻酔の注射、鉗子、剃刀、針と糸、軟膏、絆創膏
14	包皮切除後の処理	炒米、気を吹き込んだ水	痛み止め月桂樹の葉、抜糸

出典：筆者作成

どのような方法で割礼をおこなうかは親の判断による。アノンドの母に医者による割礼を選んだ理由を尋ねたところ、「痛いのはかわいそうだから」というのが最大の理由であった。医者による割礼は、痛みを和らげる効果はあるが、資金が必要となる。「ハジャムは金銭の見返りを期待しないもの」とされており、グッカによる割礼は一〇タカも出せばやってくれる。それに対して医者による割礼は、一種の外科手術であり、二〇〇タカから三〇〇タカの金銭が必要である。「お金をかけて我が子の苦痛を和らげてやりたい」という意向は、「割礼の痛みは耐えるべき試練」とする象徴的意味より、子ども個人を中心とした儀礼理解であるといえよう。アノンドのように、家庭が比較的豊かであることがそれを可能にする。

だからといって、経済的余裕と子どもへのある種の愛情があれば誰もがグッカより医者の割礼を選ぶかというと、決してそうではないようだ。村人たちの間には「グッカの方が手際がよく、方法に優れていて、傷口の完治も早い」という認識があり、痛みをともなったとしてもグッカによる割礼を選ぶことは多い。S村のイマームに、グッカと医者の違いについて尋ねてみた。

筆者：グッカと医者の違いは？
イマーム：医者は縫うが、グッカは縫わない。
筆者：縫えばどうなる？縫わなければどうなるのですか？
イマーム：医者が縫うのは、もしそこから破れたら困るから。グッカがおこなう方法は縫う必要がない。
　グッカの方が上手なんだ。

……………

筆者：グッカはどのような方法で割礼をしますか？
イマーム：包皮を挟んで切り、亀頭を出す。医者の方法は、注射をして麻酔をする。そして包皮を切除して縫う。縫った後に薬をつける。医者のやり方は一つ、グッカの方法も一つ。グッカの方が容易。
筆者：割礼をした後、どちらの方が早く乾いて定着しますか？
イマーム：グッカの方が早く乾く。医者の方法は出血して、固まるまでに時間がかかる。
筆者：現在は医者とグッカ、どちらの方法で割礼をすることが多いですか？
イマーム：医者によっておこなうのは少数、グッカの方が多い。

筆者：なぜ？

イマーム：グッカは家々に来るし費用も少なくてすむ。医者の方が高くつくし、時間もかかる。貧しい家ではグッカを呼んできてすれば少しのお金でおこなえる。

……

（近くにいた女性：医者はよくないわよ。）

イマーム：医者はどこにでも行くわけではないし、いつも行くわけではない。割礼をすることが医者のメインの仕事ではないから。たまに一、二件するくらいだよ。家に来る場合もあるが、たいていは医者のところに連れていってする。グッカは貧しい家にでも、一〇、二〇、五〇タカも出せば来るが、医者は五〇タカやそこらではだめ。三〇〇、二〇〇タカは必要。

（近くにいた男性：ムスリムの決まりでグッカでなければならないということはあるか？）

イマーム：決まりはない。どんな方法でもやればスンナになる。

イマームの説明によれば、割礼儀礼は、宗教的には包皮切除さえおこなえば、誰が包皮の切除をするかはそれほど重要ではないようである。ゆえに筆者の「今と昔では割礼は変わったか」という質問に対して、「（基本的には）何も変わらない」と答える。また、グッカと医者をめぐるイマームの解釈では、医者よりもグッカの方が割礼には適しているとの考えがみられ、これは他の村人たちの意見とも一致した。しかし、それも象徴的意味にもとづく判断ではなく、処置の早さ、金銭的手軽さ、手際のよさなどが根拠であって、基本的にはグッカであっても医者であっても、包皮の一部を切除すればスンナに従ったことになるから大した問題ではないという。

また、グッカと医者による割礼の最大の相異は、子どもが受ける「痛み」である。グッカによる割礼では包皮切除の瞬間に痛みをともなうが、医者は麻酔をするため切除の際には痛みをともなわない。シュベルは、「通過儀礼における試練として、割礼の苦しみが必要である」という言説が存在することを示し、痛みが割礼の試練として正当化される様子を捉えている［シュベル一九九二：一一九］。イマームは、痛みについては次のように述べている。

イマーム：割礼には少しの痛みはつきものだ。でも問題はない。痛いのは昔から同じ。一四〇〇年前から。そのようにしておこなわれてきたんだ。それを新たに変えることはできないし、変わらない、だろ。ムスリムのためのこと。

痛みは割礼にともなう試練として捉えられているが、だからといって、医者が麻酔をして痛みを除くことを批判しない。取り除けるものならば取り除いてもよいとされ、そのことに対する宗教解釈上の抵抗はない。

このように当該社会のおとなたちは、それがムスリムのためのものであるとしながら、その実施においては、宗教的、象徴的意義にもとづいておこなうというよりはむしろ、割礼を受ける子どもを中心に捉えている。それゆえ現代的変化として、儀礼の盛大化や医者による実施が容易に受け入れられる。その背景には、親たちの個としての我が子に対する注意や、地域社会のなかでのポジションを明示するという原理も働いている。

現在二〇代から三〇代の人びとが割礼をおこなった際には、兄弟や同じバリで生活する同年代の従兄弟たちが複数まとめて割礼を受けていたという。お祈りやミスティなどはあったものの、一人ひとりの子どもが水浴びをしてもらったり、祝儀をもらったりということはなかった。それに対して、現在の子どもたちは、きょうだいの数が減り、割礼儀礼は個人のものとなり、主役の座を独り占めしうる。親たちも、一人の子どもに注ぎうる注意や資金が増し、同時に通過儀礼を通じて家や子どもを、親戚地域社会にアピールしているものと思われる。

以上のように、準備期間や事後処置のあり方は社会的慣習によるところが大きい。宗教的な側面からみても、あるいは当該社会の人びとの認識においても、割礼の「あるべき姿」は非常にシンプルで、包皮切除がなされれば成立する。むしろ、それに付随する準備期間の儀礼や事後の子どもへの称賛を通じて確認される、通過儀礼としての割礼の社会的意義の方が大きい。それは、「あるべき姿」に従うのではなく、実施する過程において確認される。しかしまた、「ムスリムとしての割礼」という宗教的意義の存在によって、その実施が支えられていることも確かである。

第5節　子どもたちの積極的受容と認識

割礼を受ける子どもたち自身は、それをどう受け止めているのだろうか。子どもの側からみた割礼には、前述の儀礼を通じて確認されるおとなとの関係のほか、「男子として」の自覚や「ムスリムになる」という意識、儀礼の主役になる「楽しみ」がうかがえる。

ジョフルルとアノンド、どちらも割礼を受けたのは小学四年生のときであった。ジョフルルは父親の意向によるが、アノンドは自ら割礼を希望した。アノンドはその理由を「周りの友人たちが皆すでに割礼をしていたから」と述べた。実際に、N1校で当時三年生から五年生の男子に割礼実施の有無を確認したところ、三年生では男子一七人中、割礼をすでに済ませていたのが七人、まだおこなっていないのが一〇人と、その率は四割程度であった。四年生になると、一二人中一人を除く一一人が、この年の三月までに割礼を済ませた。五年生でも一四人中一三人がすでに割礼を済ませていた。ゆえに小学四年生の頃は、男子の大半が割礼をおこなう時期である。さらに、割礼は通常、傷口が早く乾燥することを考えて、冬の寒さが和らいだ一月下旬から三月上旬の乾季におこなわれることが多く、この時期を逃すと翌年の同時期まで待たなければならない。アノンドが、周りの友人たちが割礼を受けているのを知って自ら割礼を希望するのも無理はない。しかしだからといって、N1校の四年生と五年生に各一名いた割礼を未だ受けていない男子が、割礼を済ませていないことを理由に仲間外れや嘲笑の対象になるわけでは決してない。

興味深いのは、この時期が、第3章で捉えた集団移行期に重なることである。小学三年生から四年生頃になると、子どもの遊び集団に男女別の集団形成が明確にあらわれ、遊び内容にも性別があらわれた。子どもたちは性別を意識し、「男女は一緒に遊ぶべきではない」という行動規範を認識するようになる。シュベルは、人類学者や民族学者の事例を挙げて、割礼が男子の性別への「加入式」であり、「女性性から引き離されて男の世界に加入する」ことを示しているとした［シュベル一九九二：一三二］。つまり男子が割礼を希望するのは、男子としての自覚であり、当該社会においては、この時期に割礼がおこなわれ、子どもたち自らも積極的に受け入れるのは、行為行動の側面からみても合致している。

さらに割礼をおこなうことは彼らにとって性別自覚と同時に「ムスリムになる」ことを意味している。子どもたちに割礼をする理由を尋ねると、「ムスリムになるため」「ムスリムとしてのもの」という答えが返ってくる。彼らは、割礼を実施する前から自らがムスリムであることを自覚してはいるが、割礼をすることが「ムスリムとして」の自らを自覚する大きな契機として捉えている。

割礼実施から二年半後のジョフルルに、割礼のことをどのように覚えているかと尋ねたところ、「全てにおいて楽しかった」と答えた。「皆が自分のために来てくれたことが楽しかった」という。たしかに、割礼の主役はまぎれもなくジョフルル本人であり、準備期間から切除後の介護まで、常に彼は儀礼の中心にいた。当該社会の子どもたちは、おとなからある種の「放ったらかし」にされており、日本の家庭にみられるような、常に子どもが関心の中心にいるということはほとんどない。そのような生活世界で、通過儀礼は子どもが主役となれる貴重な機会であり、皆が自分のために集まってくれる。水浴びされる姿などは、まさに王様気取りであった。彼らは、非日常のハレの場において、人々からの注目を楽しんでいた。それは、割礼にともなう試練（痛み）よりも強く心に残る。

さらに子どもたちは、自分の割礼の際に誰が訪問してくれたかを明確に覚えている。そこに集まった人びとと子どもとの関係が、子どもの側からも確認されている様子がよくわかる。ジョフルルの母方叔父は、割礼の祝いとしてテレビを買ってくれた。のちに割礼の思い出として「おじさん（母方叔父）がテレビをくれた、おばさん（母方叔父の妻）や皆もお金をくれた」と語る。誰が水浴びをしてくれたかなどの記憶も鮮明である。

以上のように、子どもたちは、割礼をただ受動的に受けるのではなく、積極的にハレの日として楽しんでいる。痛みをともなう試練としての要素は一時的なものであり、ジョフルルのように「楽しかった」こととして刻まれ、アノンドのように自ら望むこともある。同時にそれは、ただ祝うだけではなく、自らの「男子として」「ムスリムとして」の自覚を明確にする儀礼であり、それを周りに知らしめながら、自分を中心とした関係網を再確認する機会となっている。

この「ムスリムになる」という意識は、宗教的な意義や内実を重んじた解釈というよりは、割礼を受けるという行為を通してムスリムコミュニティの一員としての立場を得るという意義の方が強い。彼らにとって割礼を通じて「ムスリムになる」とは、割礼を受けた者が守るべき規範の直接的認識などではない。少なくとも筆者の調査の限りでは、そうした説明を、子どもからもおとなからも聞いたことはない。こうした「ムスリム意識」を高田［一九九八ａ、二〇〇六］[12]は、「ムスリムである」意識とし、イスラーム教義の実践によって「ムスリムになる」こととは区別して捉えている。本研究が対象とした農村社会で生きる子どもたちにとっても、割礼の宗教的意義や価値規範の内実に対する意識よりむしろ、実態としての割礼の実行による、仲間との同質性の共有こそが重要とされる。本書では子どもたちの能動的な発言を示すために「ムスリムになる」という表現を用いたが、高田の文脈に従えば、それは「ムスリムである」ことの表象に過ぎず、むしろ彼らにとってはそちらの方が大切なのである。

さらに、親たちは割礼を子どもに強制はしない。それは、断食月（ラマダン）の断食を子どもに決して強制しないのと同じように、子どもの自主性にある程度は任せられている。断食に関していえば、親から「この子は断食を頑張っているのよ」といった間接的期待が示されることは往々にしてあるが、何歳になったかから断食をしなければならないという規定はみられない。むしろ、子どもたちの会話のなかで、「あの子はもう大きいのにちっとも断食できないのよ」などと若干の罵り合いを耳にすることがある。子どもたちは、次第に自ら断食が「できる」「できない」という自覚を形成し、できないことを「恥ずかしい（ロッジャ）」と認識するようになる。そのようにして、自らを規範へと導く。

子どもたちが割礼に対して積極的な受容を示す背景には、こうした子どもに任せられる余地があるのではないだろうか。割礼をおこなわないという選択はほとんどないが、いつするか、割礼をするほどに成熟したかどうかという判断には、年齢による明確な規定があるわけではないゆえに、子どもの意向が反映される余地がある。ここにも、親たちが「遅かれ早かれいずれ子どもが自らわかるようになるであろう」という了解のもとに、子どもに広い猶予の余地を許している領域をみてとることができる。

第6節　女子の成長の文化的規定

これまで男子の割礼について検討したが、では、女子の通過儀礼を通じた成長規定についてはどうだろうか。当該社会には、割礼に代わる女子の通過儀礼はなく、出生時の名づけの儀式（アキカ）のあとは結婚まで通過儀礼と呼べるものはない。男子が割礼を受ける七歳から一二歳頃といえば、女子は初潮を迎える時期である。しかし、当該社会では初潮に際して特別な行事や儀礼をおこなう慣習はない。家族であっても母親以外は、娘がいつ初潮を迎えたかさえ知らない。

男子の割礼儀礼のような通過儀礼がないとすれば、女子はいかにして、「女子である」「ムスリムになる」

という自他の認識を得るのだろうか。事例に挙げた男子割礼に参加していた村人たちにこの質問をしたところ、「女子はアラビア語が読めるようになること、コーランの節がいえるようになることで『ムスリムになる』のだ」と説明してくれた[13]。子どもの日常生活でみたように、子どもたちの多くは、小学校とは別に早朝モスクで開かれるコーラン学校に通っている。コーランを朗誦できるようになることは、女子のみでなく、ムスリムであれば男女ともに求められる。それでも当該社会では、とくに女子にとって、コーランが読めること、特定の節を暗誦できることは、結婚に関わる重要なこととなる。

イマームに、女子はどのようにして「ムスリムになる」ことを示すのかと尋ねた。

イマーム：女子がすることは別。髪を長く伸ばしたり。男女では、部屋や一緒に暮らす者同士も別。女子と男子の決まり（ニヨン *niyam*）は別なんだ。男子はモスクで礼拝をするが、女子はしない。別々の決まりにもとづいて暮らしているんだよ。

男子と女子でおこなうべき慣行は異なり、たとえば女子が髪を伸ばすことが一例として挙げられる。農村で暮らす子どもたちは、男女問わず出生から一〇歳前後までは、常時、髪が伸びてきたら剃り落とす。暑いときにはとくにそうするし、季節を問わず、虱が沸くと剃刀で髪を剃り落とす。しかし、「ある程度の年齢」になると男女とも剃り落とさなくなる。男子は短く切るが剃り落とすまではしない。女子は髪を伸ばしだす。それがいつ頃かと目をやれば、四年生ではまだ髪を剃り落とす女子をたまにみかけ、五年生では稀にいるがほとんどいなくなる。中学校に行くようになれば、髪を剃り落とす女子はみられず、反対に頭にスカーフを巻いて髪を隠す姿がみられるようになる。男子が割礼をおこなうのと同じ頃から、女子もまた「髪を伸ばす」という女子に特有の行動をとるようになる。それが、通過儀礼に代わる、「女子である」ことの認識に繋がると捉えることはできよう。

コーランを読めるようになることや髪を伸ばすことは、通過儀礼という儀礼的節目にはなりえないが、「女子／ムスリムである」ことに強く関係する。このことは、彼女たちにとってその後訪れる結婚という通過儀礼において重要な要素となる。結婚は、親や親族によって決められた相手とするのが一般的である。仲介役となる親戚知人やゴトック（*ghatak*）と呼ばれる結婚仲介人が縁談を引き寄せると、男女双方の家族が本人抜きで相手方の家を訪れ、家庭状況や家族構成、本人の見定め、持参金の交渉をおこなう。双方が合意すれば結婚はすぐにでも成立する。花嫁選びをする夫側の訪問者が、女子を前に「見定め」をする重要なポイントが、容姿や話し方にあり、コーランの一節をいわせたり、[14]髪がきれいでどのくらい長いかをみる。つまり、コーランが読めるようになること、髪を伸ばすことで「女子／ムスリムになる」ことは、彼女たちにとって、待ち受ける結婚という大きな節目に関わることであり、その後の人生を左右することでもある。

割礼についてシュベルは、「割礼から儀礼の色合いが失われ、……割礼の祭りや儀式が、徐々におこなわれなくなってきた。従来、これらの祭りや儀式が、割礼に特別な意味を付与してきたのだが」と述べている［シュベル一九九二：一九五］。そして儀礼的要素が排除されても、それでもなお包皮切除としての割礼のみ消えることなく続けられるのは、宗教的象徴としての慣行であったり、あるいは保健衛生的な目的があるからである［シュベル一九九二：一九三］。このシュベルによる説明とは逆に、当該社会では儀礼的要素がむしろ宗教的象徴に勝っている状況がみられる。村のイマームの説明によれば、宗教的象徴としては、どのような方法、どのような準備期間であっても包皮切除がおこなわれれば問題はないとされるにもかかわらず、村人たちは儀礼を盛大におこない、そこに社会的意義を付与する。

さらに子どもたち自身は、儀礼を通して性別や「ムスリムである」という自覚を明確にし、自他に対して再確認する。ファン・ヘネップは「加入礼」について次のように述べる。

これらの儀礼（加入礼）によって人は男ないし女になる――あるいはなれる――といわれるのだが、これらは……幼年期および青少年期の儀礼のうちのある種の儀礼と同じ範疇に属し、無性の世界からの分離儀礼であるように思われるのである。これらの儀礼のあとに有性の世界への統合の儀礼が続くのだが、この世界は他のあらゆる一般社会・特定社会の壁を貫いて男性、女性いずれかの性に属する個々人によって構成されている特定社会なのである。［ファン・ヘネップ一九〇九：五九］

当該社会では、通過儀礼を通して確認される「分離」や「加入」は、日常における子どもたちの行動の変化とも合致する。すなわち、割礼や髪を伸ばす時期がちょうど子どもたちが性別を意識する時期と重なりあうことは、子どもたちが文化的規定を積極的に受け入れるきっかけをもたらす。時期がずれないのは、おとなが強制せず、いずれは「ブジナイ」状態から「ブジ」を得るだろうという了解のもとで、子どもに主体的決定の余地を許すゆえといえるだろう。

注

(1) 六信とは、神(アッラー)、天使、啓典(コーラン)、預言者、来世、予定的運命のことであり、五行とは、信仰告白、礼拝、喜捨、断食、巡礼のことである。

(2) バングラデシュの多くの人びとは、正式名と呼称名の二つをもち合わせている。正式名は「アショルナム *asal nam* /ボロナム *bara nam*」などと呼ばれ、正式名からその人の宗教が特定できるほどに宗教にもとづいて付けられる。正式名は各種登録などの際に使われる。一方の呼称名「ダクナム *dhak nam*」は、日常的に呼び合う名前で、ベンガル民族の間で多く使われる名前や、最近では英語の音を用いたビュティ(Beauty)やヘピ(Happy)などもみられる。正式名と呼称名との繋がりはなく、いわゆるニックネームとは異なる。日常生活においては正式名で呼び合うことは避けられる。本書で用いる子どもの仮名は呼称の類である。

(3) 四パキ(ビガ)の土地を所有(単位については序章の注(14)を参照)。

(4) 人びとによれば、人生には三度の重要な水浴びがある。一度目は出生直後、二度目が結婚儀礼、三度目が死後直後の浄めである。割礼の際の水浴びはこれに含まれないが、三度の水浴びと同様に、儀礼の規則に則っておこなわれる。

(5) この日ジョフルルは合計で一〇三〇タカの祝儀をもらった。一タカ=約二円(二〇〇三年レート)。

(6) 「社会関係にもとづく父方祖父」とは、血縁関係でない社会的関係を示す。第2章参照。

(7) Bangla Academy 発行の Bengali-English Dictionary によれば、「ハジャム」は割礼(circumcision)そのものを示すこともある。アラビアの床屋兼割礼師を hajjam と呼ぶことに由来する。アラビアでは、「ハジャムと呼ばれる人が、吸玉師、乱刺師、割礼師、理髪師、刺胳師、を兼職していた。慣習では、ハジャムはなんらの見返りを、とりわけ金銭の見返りを期待しないで、さまざまな手術をおこなうべきだとされている。」[シュベル一九九二：六七]

(8) 割礼は父の一時帰国中におこなわれた。父はその後サウジアラビアに戻り、翌年再度一時帰国した。しかしその際、妻が再びサウジアラビアに戻ることに断固として反対したため、それ以来バングラデシュに留まっている。現在は、稲の商売をする傍らで、中東方面への出稼ぎ希望者の仲介をビジネスとしておこなっている。父親が帰国して以来、アノンドはそれまでの母方バリでの生活から父方バリでの生活に移った。

(9) ヘナの葉を磨り潰して、手に模様を描く。乾くとヘナで描いた部分が赤く染まる。

(10) 小粒の上等な米を、少量の油と香辛料をまぜて炊いたご飯。客をもてなすときなどに出される。

(11) 当該地域では、ほんの少しの痛みを示す表現として、「蟻に刺される」という表現を頻繁に使う。女子が耳にピアスを開けるときや、予防注射をするときなどにも使う。

(12) 高田［二〇〇六］は、流動的なバングラデシュ社会の人びとを繋いでいるものに「デシュ意識」と「ムスリム意識」という同郷的結合性を捉えている。そして現代のバングラデシュではそうした意識とは別に、情報やイデオロギーの浸透によって「実践するイスラーム」としてのムスリム意識がみられだしていることを論じている。

(13) コーランが「読める」というのは、意味を理解するという前に、声に出して朗誦できるということである［大塚一九九三：九］。

(14) 高田［一九九八a：四四九］は、「花嫁としての適性を検証する際の夫方の最大の関心事は宗教心があるかどうかであり、具体的にはイスラームについての知識の有無を、コーランの代表的な一節を暗誦させることで確認する」と述べている。

第5章　社会変容期の「子ども域」

――教育第一世代の子どもたち――

第1節　初等教育の普及

近代化とともに世界中で広がりをみせる学校教育は、現在多くの社会で実施されている。バングラデシュにおいても、一九八〇年代後半以降とくに、農村部を含めた国全体において初等教育の普及がみられる。学校は人びとにとって身近なものとなり、コミュニティの一部となりつつある。こうした変化は、現在学校に通う子どもたちと、学校に通った経験をもたない親世代の間で、子ども期の経験に大きな相異をもたらす。いわば学校は、現代の子どもたちに特有の場である。本章では、この新たな場をめぐって、そこに通う子どもたちと通わせるおとなたちが、その場をどのように理解しているかを捉え、ことに「学校選択」という現象にみられる子どもの交渉を検討してみたい。

当該社会では、政府系の学校、NGO運営のノンフォーマル学校、アラビア語教育を重んずるマドラサ、さらに近年農村にも急増する私立学校と、さまざまなタイプの小学校が並存している。親だけでなく子どもたちの間でも各学校に関する談義がなされ、また、調査時にみられた興味深い現象として、子どもたちが勝手に自ら学校を移ることもあった。もちろん正規の手続きなしに学校を転校することは学校の規則に反するのだが、それでも親やときに教師までもが、それを容認していた。一方で、同集落内でも、学校教育に関する明確な意識をもち、通学の便利さに関係なく特定の学校を選ぶ親もいる。そのような家庭の子どもたちには、自ら学校を選択する自由はない。

こうした状況において、各学校の選択がいかにおこなわれているかを子どもとおとな両方の視点から捉えてみたい。学校教育導入という子どもの生活世界の大きな変化を受け入れるにあたって、世代間の解釈がいかに錯綜し、どのように処理されるのか。それを捉えることで、社会変動期にみられる「子ども域」の機能を示しうるものと考えている。

第２節　教育第一世代の子どもたち

調査地のN1校は、バングラデシュ国内のＮＧＯによって一九九二年に始められたノンフォーマル学校である。集落内の多くの子どもたちがこの学校に通っている。表５‐１が示すように、Ｎ集落の教育歴、識字率は、N1校の開始前後で大きな差が生じている。

調査当時二〇歳以下の者は、大半が就学中か少なくとも小学校教育を終えている。それより年齢が上がると、教育を受けた経験のない者が次第に増える。現在学齢期の子どもの親は二一―三〇歳か三一―四〇歳の区分に属するので、教育を受けた経験のない親も少なくないことがわかる。つまり、現在学校に通う子どもたちは、当該社会の「教育第一世代」である。自ら通学経験がほとんどない親たちが、子どもにとって学校教育が必要であると判断し、子どもたちを学校に通わせるようになった。しかし、具体的な場に関しては、親たちは「学校のことは子どもの方がよく知っている」として、詳細は子どもに任せている。筆者はそこに、教育第一世代に許される交渉猶予の余地があるとみている。

表 5-1：学歴別人口

（人）

	0-10 歳	11-20 歳	21-30 歳	31-40 歳	41-50 歳	51-60 歳	61-70 歳	71 歳～	合計
就学前	34	0	0	0	0	0	0	0	34
就学中	58	49	2	0	0	0	0	0	109
小学校まで	0	4	10	6	5	0	3	0	28
10 年生まで	0	14	17	10	2	3	0	0	46
SSC (1)	0	1	3	3	1	0	1	0	9
HSC (2)	0	0	3	2	2	0	0	0	7
BA	0	0	1	1	0	0	0	0	2
MA	0	0	0	1	0	0	0	0	1
アラビア語 (3)	0	0	3	4	1	2	1	0	11
少し	0	0	0	0	0	0	0	1	1
なし	0	6	25	28	19	13	10	3	104
合計	92	74	64	55	30	18	15	4	352

(1) Secondary School Certificate の略。初等・中等教育 10 年間終了後に全国試験が実施される。

(2) Higher Secondary Certificate の略。SSC の後、後期中等教育 2 年間終了後に全国試験が実施される。HSC の成績によって大学を選ぶことができる。

(3) コーラン学校で教育を受けた者。ベンガル語は読めずアラビア語のみ読める（音読）ケース。

出典：2004 年の調査にもとづき筆者作成

第３節　複線的な学校普及

すでに述べたように、当該社会にはいくつかのタイプの小学校が併存している。一九七一年の独立以降、バングラデシュ政府は、良質で効果的なシステムをともなった初等教育の普及こそが国家建設の最重要課題であるとして、教育の普及に取り組んできた。一九八〇年に制定された「大衆教育計画」では、四千万人の識字人口到達がその目標とされた。しかし、これらを短期間のうちに実現することは、新しい国家として成立したばかりのバングラデシュには決して容易ではなく、経済的にも組織的にも限界があった。その状況に対する戦略として、政府は初等教育の多様性と柔軟性を認めるべきであるという政策を提示した［Jalaluddin 1997：xxiii］。

・基礎教育、ことに普遍的初等教育は、政府が責務を負うべき分野であることは重要であるが、その一方で、社会全体、つまり非政府組織や宗教団体、その他の機関と私的セクターとの協同を交えた企画でなければならない。
・初等教育における多様性と柔軟性は、政府、ＮＧＯ、宗教組織、コミュニティ、私的セクターによるフォーマルとノンフォーマルの両アプローチを包含し、多様な学習要求と子どもを取り巻く環境、ことに労働児童や障害のある児童などのニーズに応えることが不可欠である。その多様性は、全ての子どもが最低限の基礎学習に到達することを促す場合に限る。

政府は初等教育の普及においてのみ、NGOや宗教団体、私立機関にも学校運営を認め、初等教育省にNGOスクールとマドラサのセクションを設けた。この包括的な取り組みが、小学校の多様性をもたらし、結果、初等教育就学率は、一九八一年には二二・五パーセントであったのが、一九九一年には四一・〇パーセントに、二〇〇〇年には七九・八パーセント、二〇一〇年には九三パーセントにまで上昇した。

実際に、初等教育機関には、政府系学校（公立学校、登録学校、未登録学校）、私立学校、NGOによるノンフォーマル学校（以下NGOスクール）、マドラサがあり、その全てが初等教育省の管轄下におかれている。どの学校に行くかは、状況、親、子ども次第で、校区の設定などもない。また、どの学校を卒業しても、中等教育に進む資格は得られる。表5-2は、各学校タイプ別の就学率を示している。

簡単に、各学校の特徴を述べておきたい。

政府系の学校には、公立学校、政府登録学校、政府未登録学校がある。公立学校は政府が全面運営するが、登録学校や未登録学校は、住民の手で始められ、政府に登録される学校である。学校の土地も、最初に住民から提供されることが多い。筆者の調査の限りでは、農村部では多くの公立学校がこの過程を経て公立学校として政府に認可されるようになる。その意味では、これら三つの学校は、異なるタイプというより、段階の違いに過ぎないと考えられる。公立学校や登録学校における教科書や教師の給料、校舎建設費用は政府によって支給されるが、登録学校の場合、教師の給料は公立学校の約半分である。

私立学校は、生徒の授業料で運営され、Kindergarten の略から「KGスクール」と呼ばれる（以下KGスクー

表5-2：学校タイプ別就学率

学校種	公立学校	政府登録	政府未登録	NGO	マドラサ	私立 (KG)	サテライトコミュニティ	中学校併設学校
農村部	61.6	17.7	1.8	7.0	7.4	1.2	3.0	0.3
都市部	57.3	8.9	1.5	8.5	4.4	8.6	0.8	10.1
合計	61.0	16.6	1.8	7.1	7.0	2.1	2.7	1.6

出典：[Chowdhury2002：15] を筆者が要約

ル）。多くのKGスクールは、二年ないし三年の就学前教育もおこなっている。都市部では古くからエリート私立学校が存在するが、農村に私立学校がみられるようになったのはごく最近のことである。とくに、人びとの教育への関心の高まりを受けて、都市部私立学校より授業料の安い低授業料私立学校（Low-Fee Private School）が急増している。

NGOスクールは、NGOによって運営されており、資金も各NGOによって賄われる。一九八五年にバングラデシュ国内最大規模のNGOであるBRAC(1)が基礎教育普及活動として「ノンフォーマル教育」を始めて以来、多くの開発系NGOが取り組み、発展してきた。学校システムはNGOによって異なり、五年課程を四年間で終わらせるところもある。NGO独自で作成する教科書を用いる学校や、政府発行教科書を使う学校もある。

マドラサでは、イスラームやアラビア語の教育が重視される。マドラサの初等教育には、イブテダイ（*Ebtedayee*）とカレジ（*Kharezee*）の二種類があり、イブテダイは教育省の教育制度の下にあるが、カレジはその管轄下になく、イスラーム団体からの援助によって運営される。イブテダイでは、ベンガル語とアラビア語の教育を併合しているが、カレジではアラビア語のみの教育をおこなう。イブテダイから途中で政府系学校に移行することは可能であるが、カレジからの移行は認められない。

こうしたシステムの違いは、当然ながら教育内容にも多様性をもたらしている。政府発行の教科書を軸に比較すると、KGスクールではとくに英語の教科書が多く用いられる。マドラサではアラビア語の授業が一年生からあり、ベンガル語や英語の教科書は政府発行教科書よりはるかに薄い。NGOスクールでは基礎教育を重視し、日常生活に有用な知識、たとえば衛生に関する知識などを題材としながら母語（ベンガル語）の識字教育を重視する。しかし、二〇〇九年から政府は、教育の質の平等化と向上を目指して、小学校五年生修了時に全国統一試験を実施するようになり、一定のレベル確保が試みられている。

こうした状況のなかで、子どもたちとその親は、異なるタイプの学校に、自ら理由を見出して選択しているのである。

第4節　調査地の学校環境

前節で述べた多様な学校形態は、調査地のような小さな農村においてさえも展開されている。図5 - 1に示した各学校のうち番号を付けたものは、N集落の人びとが認識している学校である。また表5 - 3は、それぞれの学校の設立年を示す。図表が示すように、現在この周辺には異なるタイプの小学校が並存していることにNGOスクールやKGスクールは、一九九〇年代以降にみられる新たな取り組みといえる。

さらに図5 - 2は、各小学校を卒業した子どもが中学校に進む場合の進学先を示している。

異なるタイプの小学校の内実の相異を表5 - 4に示した。これをみると、授業料や教科書などの面においてKGスクールは他の学校と大きく異なることがわかる。

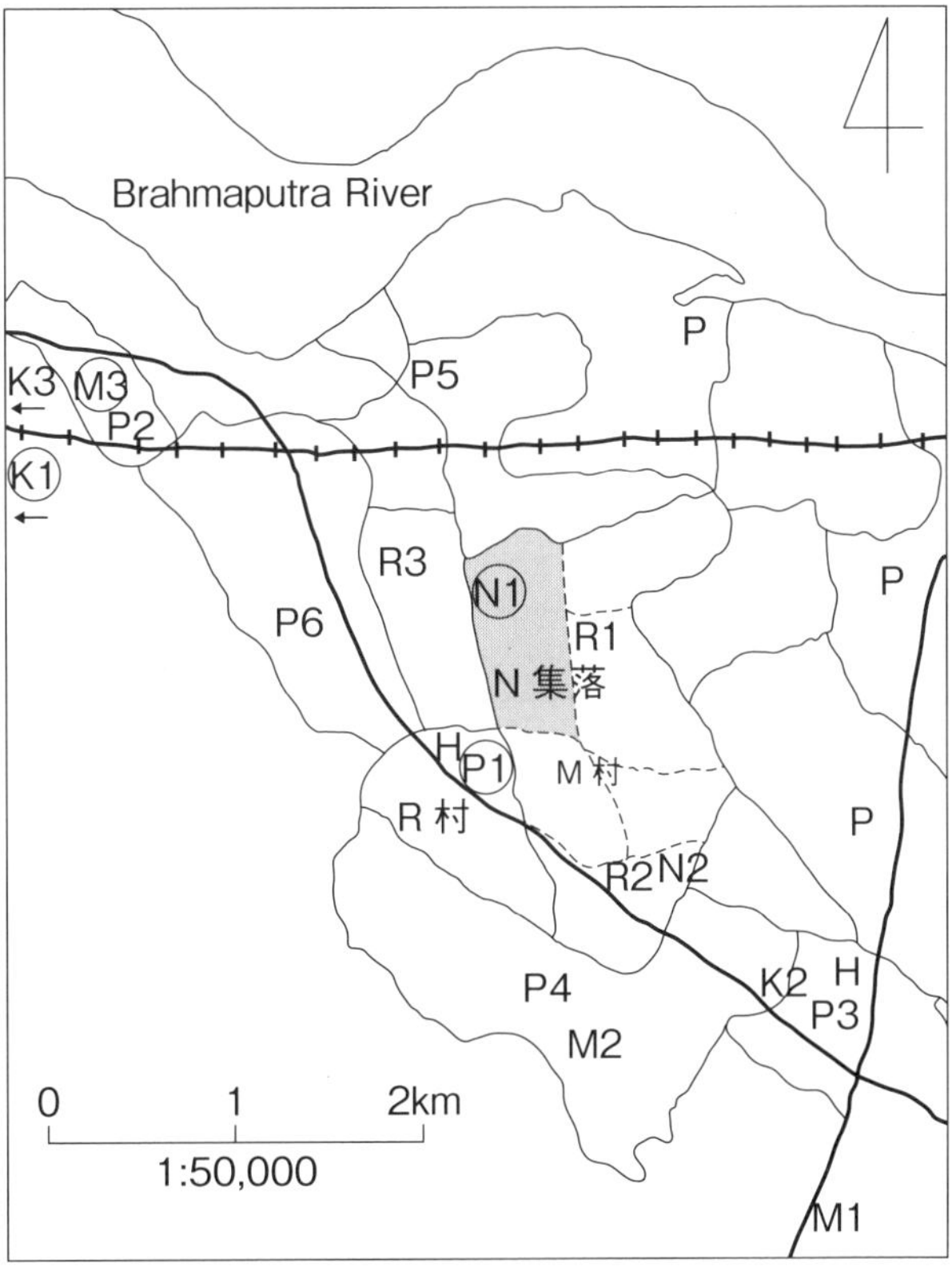

図 5-1：N 集落で認識される各学校
出典：2003 年の調査にもとづき筆者作成

多様な学校システムが並存するなかで、子どもやその親たちは、どの学校に行くか、あるいは学校に行くかどうかを判断する。図５‐２が示すように、学校選択には二つの分岐点がある。一つは小学校選択である。N集落の場合、大半の子どもは、集落内のNGOスクール（N1校）に通うが、なかには村から離れたKGスクールや、隣村の登録学校に通う子どももいる。また、N1校の生徒をみても、隣村の子どもたちが、村内の学校に通わずにN1

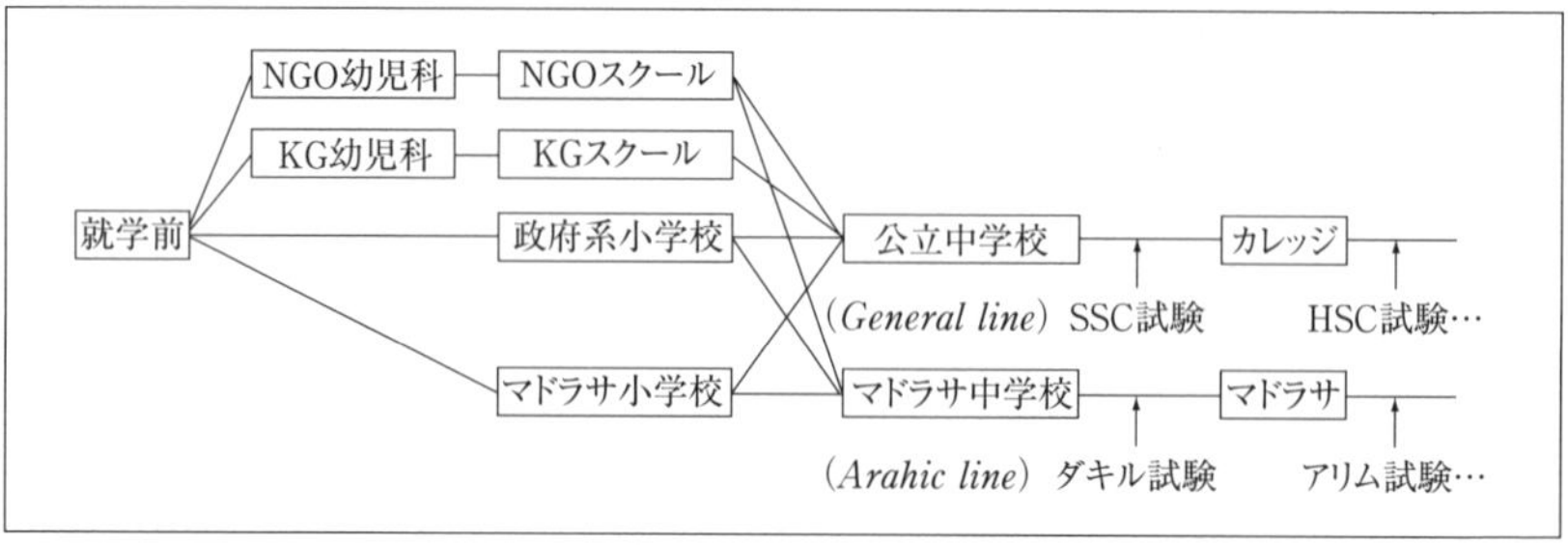

図 5-2：進学の流れ
出典：2002 年の調査にもとづき筆者作成

表 5-3：各学校の設立年

	現状の運営区分	設立年
P1	公立学校	1938
P2	公立学校	1938
P3	公立学校	1338 ~ 39
M1	マドラサ（ダキル）	1950
M2	マドラサ（カレジ）	1956
P4	公立学校	1956 ?
P5	公立学校	1973
P6	公立学校	1973
M3	マドラサ（ダキル）	1973
R1	登録学校	1989
R2	登録学校	1991
N1	NGO スクール	1992
K1	KG スクール	1995
R3	登録学校	1996
N2	NGO（幼児科のみ）	2001
K2	KG スクール	2003
K3	KG スクール	2004

校に来ることも少なくない。

もう一つの学校選択のポイントは、*General line* か *Arabic line* か[2]という選択である。初等教育では四つのタイプの学校があるのに対して、中学校は公立学校かマドラサのどちらかに絞られる。公立小学校やNGOスクールを卒業した生徒でも、中等教育から *Arabic line*、つまりマドラサへの進学を選択する生徒もいる。ただしKGスクールを卒業した子どもでマドラサを選択するケースは、筆者の知る限りではいない。

さらに、学校選択は入学時のみでなく、学校間を移動する場面においても捉えることができる。調査地ではかなりの頻度で子どもが学校間を移動する。子どもたちは、後述するさまざまな理由で学校間を移動し、その決定は子どもたち自身が親の意向に関係なく独自でおこなう場合もある。表5-4に示したように、各学校には移動に関する規則がある。公立学校では他の政府系の学校からのみ編入が許され、KGスクールやNGOスクー

表 5-4：各学校の内実比較

学校	公立小学校	NGO スクール	マドラサ	KG スクール
運営資金	政府	NGO	政府（学校は登録学校扱い）	生徒からの授業料
村人の呼称	プライマリー	NGO 名もしくは集落名	マドラサ	KG スクール
創立	1934 年	1992 年	1974 年	1995 年
校舎（教室）	レンガ造り、教室には画家により教科書の絵が描かれている。	2000 年にレンガ造り。1992 ～ 95 年は土（教師の家の台所小屋）、95 年から 2000 年は竹の皮を組んだ壁の校舎。	トタン造り 併設する中学校はレンガ造り	トタン造り 遊具を完備した広場がある
制服	男子：白ｼｬﾂに薄いベージュのズボン 女子：青のスクールドレス －バッチ（5TK で各自教師から買う） －制服は必ず作らなければならない	なし	男子:パンジャビ、パジャマ、トゥピ(帽子) 女子：オールナ（頭に被る布）	男女とも指定の制服を作らなければならない
時間	1・2 年→ 9 時半～ 12 時 3 ～ 5 年→ 12 時 15 分～ 16 時	Feeder → 8 時～ 9 時 1・2 年→ 9 時半～ 12 時 3 ～ 5 年→ 12 時 15 分～ 16 時	1・2 年→ 10 時～ 12 時 3 ～ 10 年→ 10 時～ 16 時	Play・KG・1 年→ 10 時～ 12 時半 2 ～ 5 年→ 10 時～ 13 時半
教師	教師 5 人（校長含）、事務員 1 人 校長は毎月県の教育委員会からのフィールドワーカーが見回りに来た際に現状を報告。	教師 5 人（各学年 1 人） 教師の研修は、NGO スタッフによって行われる。週に 1 度は見回りに来て指導、年に数回 NGO オフィスで研修。	教師 13 人、事務員 3 人（中学担当者も含） 教師のためのトレーニングセンターがあり、最も大きいのはガジプールの Maddrassa Teacher's Training Center。	校長 1 人と教師 13 人（全て女性）事務員 1 人 創設者は学校の隣に家を構えて住む。
生徒数	1 年 60 人／2 年 62 人／3 年 52 人／4 年 39 人／5 年 50 人	Fe48 人／1 年 36 人／2 年 28 人／3 年 21 人／4 年 21 人／5 年 17 人	1 年 17 人／2 年 19 人／3 年 19 人／4 年 5 人／5 年 24 人	Play30 人／KG35 人／1 年 25 人／2 年 25 人／3 年 23 人／4 年 32 人／5 年 15 人
教科書	1・2 年→ベンガル語、算数、英語 3 ～ 5 年→ベンガル語、算数、英語、理科、社会、宗教	Fe・1・2 年→ベンガル語、算数、英語 3 ～ 5 年→ベンガル語、算数、英語、理科、社会、宗教	1 年→アラビア語 2 冊、算数、ベンガル語、コーラン 2 年→アラビア語 2 冊、算数、ベンガル語、英語、コーラン、社会 3 ～ 5 年→アラビア語 2 冊、算数、ベンガル語、英語、コーラン、社会、理科	Play →ベンガル語、算数、英語、アラビア語、絵画 KG・1 年→ベンガル語、算数、英語、アラビア語、絵画、社会、一般知識 2 年→ベンガル語、算数、英語、アラビア語、図形、社会、一般知識、ベンガル語文法、英語文法 3 ～ 5 年→ベンガル語、算数、英語、アラビア語、図形、社会、一般知識、理科、ベンガル語文法、英語文法
移動の決まり	他の公立小学校もしくは登録・未登録小学校（＝政府系学校）からのみ可。前校の Certification が必要。NGO からの編入は認められない。	他校を辞めてきての編入は可。こちらを辞めて他校に行っても途中からは受け入れられない。	他校からの編入も認めてはいるが、アラビア語習得不足により、下の学年からもう一度させることが多い。	年初めからの編入可。
中学校進学	公立中学校、稀にマドラサ中学校へ	公立中学校もしくはマドラサ中学校へ	マドラサ中学校、稀に公立中学校へ	ほとんどが（特に街の）公立中学校へ
授業料	無償（教科書も無償配布）	無償（教科書も無償配布）	無償（教科書も無償配布）	入学金 370Tk、年間授業料 150Tk，月謝 100Tk、教科書年間 300Tk、その他通学バス使用料

出典：2004 年の調査にもとづき筆者作成

注）生徒数に記した下線は、後述する家庭背景の対象とした生徒を示す

ルからの編入は認められていない。しかし、そうした規則にもかかわらず、名簿上の生徒の数が実際の生徒数と異なり、教室にいる生徒の名前が名簿になかったり、名簿にある生徒が実際には他の学校に通っている状況がみられた。興味深いのは、教師たちはこうした状況を把握していながらも容認していることである。筆者が、教室にいるが名簿に名前のない子どもについて質問すると、教師たちはそれが誰であり、どこの学校から来たのかを明確に把握している。しかし、だからといって、その子どもを学校から追い出すことはしないし、かといって名簿に加えることもない。子どもたち自身も、自分の名前が呼ばれないからといって気にする様子はない。

このように、異なるタイプの小学校の選択、中学校進学時の *Arabic line* か *General line* かという選択、さらに学校間の移動という、入り組んだ学校選択が当該社会ではみられる。その選択は、おとなだけでなく子どもたち自身によってもおこなわれている。その実態を明らかにしてみたい。

第5節　学校選択の背景と学校イメージ

(1)　学校選択を裏付ける家庭環境

異なるタイプの学校間の選択を理解するために、まずは、各学校の生徒の家庭環境について比較してみたい。親の職業、両親の識字、子どもたちのきょうだいの数、早朝コーラン学校への通学の有無について調べた。対象としたのは、公立学校（図1-3のP1）、NGOスクール（N1）、マドラサ（M3）、KGスクール（K1）で、調査時に出席していた三年生から五年生の生徒とその家族である。さらに、P1校に隣接する中学校（H1）と、M3校に併設するマドラサ中学校の生徒にも同様の調査をおこなった。

まず、親の職業について（表5-5）、公立学校ではNGOスクールとマドラサに通う生徒の家庭では、農業従事者が七割以上を占めているのに対して、公立学校では商売をしている親が最も多い。KGスクールではさらに商売の割合が増える。各家庭の収入や土地所有の詳細なデータは得られなかったが、人びとの見解では、一部を除き、農業に従事する家庭の多くは商売やチャックリ[(3)]（*chakri*）に比べると「貧しい」という認識がある。また、KGスクールの生徒の家庭では、一七パーセントがチャックリ、一割が海外出稼ぎによって生計を成り立たせている。第1章でも述べたように、当該社会のここ五年間の海外出稼ぎ者の増加は目覚ましく、そうした家では急激な経済成長がみられる。つまり、家庭背景からは、子どもをKGスクールに通わせる家庭は非農業で経済的に比較的豊かな家が多く、それに対してNGOスクールやマドラサに通う生徒の家は、農業従事者が大半を占め、そして公立学校に通う生徒の家はその中間に位置づけられることがわかる。

きょうだい数については、表5-6に示したが、学校間でそれほど優位な差はみられなかった。最も多いケースは二人か三人きょうだいである。

表5-7に示す親の識字率では、学校間で優位な差がみられた。最も識字率が高いのはKGスクールの親たちで、両親とも九割を超える。反対に最も低いのはNGOスクールの両親とも三割程度で、この値はジャマルプール県全体の成人識字率の平均値を下回る。親の識字率は何を示しているかというと、一つには、「識字」とは学校教育によってもたらされる具体的な学習の一つであり、その経験を親が自ら有しているかどう

表 5-5：親の職業の学校間比較

1）小学校

職業	公立	(%)	NGO	(%)	マドラサ	(%)	KG	(%)	合計	(%)
農業	33	(27)	42	(73.7)	17	(73.9)	2	(3.1)	94	(35.3)
商売	40	(32.8)	2	(3.5)	0	(0)	37	(57.8)	79	(29.7)
チャックリ	19	(15.6)	2	(3.5)	1	(4.4)	11	(17.2)	33	(12.4)
リキシャ運転手	8	(6.6)	2	(3.5)	0	(0)	0	(0)	10	(3.8)
海外出稼ぎ	1	(0.8)	2	(3.5)	0	(0)	7	(10.9)	10	(3.8)
大工	3	(2.5)	5	(8.8)	1	(4.4)	0	(0)	9	(3.4)
教師	2	(1.6)	0	(0)	1	(4.4)	4	(6.3)	7	(2.6)
日雇労働者	5	(4.1)	0	(0)	0	(0)	0	(0)	5	(1.9)
商店店員	1	(0.8)	1	(1.8)	2	(8.7)	1	(1.6)	5	(1.9)
バス運転手	3	(2.5)	0	(0)	0	(0)	0	(0)	3	(1.1)
軍隊	0	(0)	0	(0)	0	(0)	1	(1.6)	1	(0.3)
その他	7	(5.7)	1	(1.8)	1	(4.4)	1	(1.6)	10	(3.8)
合計	122	(100)	57	(100)	23	(100)	64	(100)	266	(100)

2）中学校

職業	公立	(%)	マドラサ	(%)	合計	(%)
農業	94	(65.2)	75	(73.5)	169	(68.7)
商売	27	(18.8)	6	(5.9)	33	(13.4)
チャックリ	13	(9)	7	(6.9)	20	(8.2)
教師	4	(2.8)	5	(4.9)	9	(3.7)
大工	2	(1.4)	1	(1)	3	(1.2)
医者	0	(0)	2	(1.9)	2	(0.8)
洗濯	2	(1.4)	0	(0)	2	(0.8)
海外出稼ぎ	0	(0)	1	(1)	1	(0.4)
商店店員	0	(0)	1	(1)	1	(0.4)
日雇い労働者	0	(0)	1	(1)	1	(0.4)
その他	2	(2)	3	(2.9)	5	(2.0)
合計	144	(100)	102	(100)	246	(100)

出典：2004 年の調査にもとづき筆者作成

表 5-6：きょうだい数の学校間比較

1）小学校

きょうだい	公立	(%)	NGO	(%)	マドラサ	(%)	KG	(%)	合計	(%)
7人	2	(1.6)	1	(1.8)	0	(0)	1	(1.6)	4	(1.5)
6人	6	(4.9)	2	(3.5)	1	(4.3)	0	(0)	9	(3.4)
5人	9	(7.4)	7	(12.3)	3	(13.0)	4	(6.3)	23	(8.6)
4人	21	(17.2)	6	(10.5)	6	(26.1)	7	(10.9)	40	(15.0)
3人	34	(27.9)	14	(24.6)	9	(39.1)	28	(43.8)	85	(32.0)
2人	44	(36.1)	27	(47.4)	3	(13.0)	19	(29.7)	93	(35.0)
1人	6	(4.9)	0	(0)	1	(4.3)	5	(7.8)	12	(4.5)
合計	122	(100)	57	100	23	(100)	64	100	266	(100)

2）中学校

きょうだい	公立	(%)	マドラサ	(%)	合計	(%)
9人	1	(0.7)	1	(1.0)	2	(0.8)
8人	3	(2.1)	3	(2.9)	6	(2.4)
7人	7	(4.9)	3	(2.9)	10	(4.1)
6人	12	(8.3)	7	(6.9)	19	(7.7)
5人	17	(11.8)	24	(23.5)	41	(16.7)
4人	31	(21.5)	25	(24.5)	56	(22.8)
3人	45	(31.2)	29	(28.4)	74	(30.1)
2人	23	(16.0)	10	(9.9)	33	(13.4)
1人	5	(3.5)	0	(0)	5	(2.0)
合計	144	(100)	102	(100)	246	(100)

出典：2004 年の調査にもとづき筆者作成

かで、学校に対する関心や期待の相違が示される。

コーラン学校に通った経験（表５‐８）については、マドラサの生徒たちが朝のコーラン学校に通い、イスラーム教育を受けていることは容易に想像できる。しかし興味深いのは、それ以外の学校間において有意な差がみられることである。NGOスクールでは八割以上の子どもたちがコーラン学校に通っているのに対し、KGス

表 5-7：親の識字率の学校間比較

1）小学校 （%）

両親の識字率	公立	NGO	マドラサ	KG
父親	59	31.6	50	92.2
母親	51.6	31.6	40.9	90.6

2）中学校 （%）

両親の識字率	公立	マドラサ
父親	63.1	53.9
母親	54.1	34.3

出典：2004 年の調査にもとづき筆者作成

表 5-8：早朝コーラン学校への通学経験の学校間比較

1）小学校 （%）

コーラン学校経験	公立	NGO	マドラサ	KG
通っている	68.8	84.2	95.4	48.4

2）中学校

コーラン学校経験	公立	（%）	マドラサ	（%）	合計	（%）
通っている	20	（13.9）	93	（91.2）	113	（45.9）
通っていない	26	（18.0）	2	（1.9）	28	（11.4）
以前通っていた	96	（66.7）	7	（6.9）	103	（41.9）
不明	2	（1.4）	0	（0）	2	（0.8）
合計	144	（100）	102	（100）	246	（100）

出典：2004 年の調査をもとに筆者作成

クールでは半数にも満たない。

(2) 各学校に関する認識

学校選択の理由は、各学校に対する子どもやその親たちがもつイメージを説明しうる。彼らが学校に対してどのような見解をもっているか、またどのような理由で選択や移動をおこなっているのかを捉えたい。二〇〇四年七月から九月にかけて、次の対象者にインタビュー調査を試みた。①N1校に通う五年生の生徒の子どもとその親たち一五件、②Ｎ集落から子どもを他校（ＫＧスクール）に通わせる親たち三件、③N1校から他校に転校した、あるいは逆に他校からN1校に転校してきた生徒とその親たち八件、④N1校卒業後にマドラサ中学校に進学した生徒とその親九件、さらに、⑤N1校の三、四、五年生男女別グループインタビューも実施した。インタビューでは「学校選択の理由」「移動した理由」といった漠然とした質問を投げかけて、あとは自然な会話の流れに任せて意見を聞いた。

ＮＧＯスクール対ＫＧスクール

ＮＧＯスクールに通う子どもとその親たちの多くは、学校を選ぶ理由として教育の質を挙げる。彼らのいう教育の質とは、「教師が毎日学校に来て授業をする」などである。また、家からの距離やN1校教師と親戚関係にあることなど、学校の「近さ」もＮＧＯスクールを選択する要因として頻繁に挙げられた。

その一方で、子どもをＫＧスクールに通わせる親たちのＮＧＯスクールに対する見解はまったく異なる。彼らは、ＮＧＯスクールは「貧しい」「字の読めない」「子どもの教育にあまり熱心でない」親たちが行かせるところだと言及する。次の例は、Ｎ集落から子どもをＫＧスクールに通わせる親による典型的な語りである。

シュボ母④**：**ＮＧＯスクールは貧しい家（ゴリーブ *gorib*）の子どもたちが行くところ。お金を出して子どもに教育を受けさせることに意味がある。

パイサル母⑤**：**ＫＧスクールに行くことで、子どもは街の子どもと仲良くなる。ＫＧスクールの保護者は皆知識層（シッキト *shikkito*）で、チャックリをしている人ばかり。街に住んでいる人がほとんどで、村から行っているのはわたしたちくらい。「村の学校（ＮＧＯスクール）」の子どもや親には教育に熱心でない人も多い。

シャキル母[6]：ＫＧスクールは科目が多い。ＮＧＯスクールは六教科だが、ＫＧスクールはそれ以外に「一般知識」などの科目もある。それに、保護者たちが教育に関心（ケル *khel*）がある。お金を出して勉強させるため、子どもが勉強しているかどうかに関心をもつ。ＮＧＯスクールの親はいろいろで、なかには非識字者（オシッキト *o-shikkito*）の親も多く、教育に関心がない。子どもに家できちんと勉強させない。ＫＧスクールの生徒は皆家で「プライベート（家庭教師）」をつけている。したがってＫＧスクールには、①教育内容、②プライベートでの教育、③保護者の関心、の三つの側面で利点がある。授業料や交通費、おやつ代、プライベート料などを合わせると毎月一〇〇〇タカ[7]はかかる。だからちゃんと勉強していなければ叱るのよ。

これらの例が示すように、ＫＧスクールに子どもを通わせる親たちはＮＧＯスクールやその他の学校を比較してみている。さらに、ＫＧスクールに通わせる親たちは、お金を使って学校に子どもを通わせることが彼らのステイタスを成し、街に住む「教育のある人びと」との交流に価値をおいている。それに対してＮＧＯスクールの親たちがＫＧスクールについて語ることはほとんどない。ＮＧＯスクールの親たち、ことに母親たちにとってＫＧスクールは日常知識外のものであると思われる。このように、各学校に関する親たちの知識は学校間によってかなりの非対称を成している。

政府系学校の選択

人びとにとって、学校が供給する具体的な「利益」もまた、学校選択の理由となる。バングラデシュでは一九九五年から、就学率の向上を目指した小学校での食糧支給プログラム「教育のための食糧支給（Food For Education：FFE）」が政府によって実施されてきた。FFEは現在「教育のための援助（Cash For Education）」に替わって実施され、貧困層の家庭でかつ出席率のよい子どもに対して毎月現金が支給されている。またNGOスクールでは、子どもたちにノートやペンなどの文房具品が支給される。NGOスクールから政府系学校に転校した子どもの親は次のように述べており、学校でのこうしたプログラムが学校選択の一因を成していることがわかる。

ショブジャ伯母(8)：学校に行くにはお金がかかる、どこの学校でも。試験のときには試験料が必要だ。どこの学校でも試験料をとる。学校にその決まりがなかったとしても、教師が利益（ラブ *labh*）なしに教えることなどない。どこの学校でもお金が必要ならば、わざわざ道の悪い、遠い学校に行かせる必要はない。NGOスクールではノートやペンがもらえるが、公立学校ではお金がもらえる。

マドラサの選択

N集落では、小学校からマドラサに通う子どもはごく限られている。その理由は、マドラサまで歩いて三〇分はかかるという不便さにある。しかし、中学校からマドラサに通う、つまり*Arabic line*を選択する家庭は時折みられる。*Arabic line*を選択する主な理由には、コミュニティでの生活における宗教的知識に対する価値が挙げられる。

ショポン母(9)：五人の息子の一人はイマーム（ムンシ *munshi*）にさせたかった。自分たちが死んだときにも葬ってもらえる。マドラサで勉強すれば、「何でも」（＝村での日常生活に必要な行為、葬祭時の祈祷など）できるようになる。

マスッド父(10)：息子二人をハイスクール（公立中学校）に行かせる資金はない。ハイスクールは授業料がいる。マドラサは授業料や教科書代が安い。しかしマドラサは、金はあまりかからないが価値（ダム *dam*）は大きい。ベンガル語もアラビア語も両方学ぶので、どんな仕事にも就けるようになる。モスクのイマームにもなれるし、学校の先生にもなれる。人が死んだときには葬ることもできるようになる。マドラサは価値がある。

次のラシェダは、中学校からマドラサに通う女子生徒である。当時彼女の弟はN1校の五年生に在籍し、数ヵ月後には小学校を卒業して、公立中学校に進学する予定である。

ラシェダ(11)：マドラサに行くことを決めたのは中学校に進学する直前。それまでは公立中学校に行くつもりでいたが、直前になってマドラサに行こうと思った。どうしてそう思ったのかわからないけれど、ちょうど家の近くにマドラサの先生の娘がいて、彼女から一緒に行こうと誘われたのもあって。わたしは小さいときから朝のコーラン学校に通っているから、アラビア語の勉強にも慣れていたし、好きだった。弟は小さいときからアラビア語の勉強をしていないので、マドラサには進学しないと思う。朝のコーラン学校ではアラビア語の意味は習わないが、マドラサに通うようになって意味も習うようになった。今はコーランの意味も少しぐらいわかる。

村で捉えた限りでは、マドラサの選択は、厳格な宗教的意義や教義を重んじた選択とは感じられない。NGOスクールの子どもたちの方がKGスクールの子どもたちよりも頻繁にコーラン学校に通っている状況や、マドラサには他の職業に比べて農家の子どもたちが多いという事実（表５‐４参照）からは、中学校からのマドラサの選択が、彼らのムスリム農夫としての日常生活の経験に強く根ざし、「宗教教育」はイデオロギー的側面よりむしろ、コミュニティにおける生活実践の側面から重要視されているということができる。

もう一つ興味深いことは、きょうだいの一人だけをマドラサに通わせるという選択である。ショポンやマスッドのように、きょうだいのうちの一人だけがマドラサに通い、あとは公立学校に通わせる家庭がしばしばみられた。一世代前になると、四人きょうだいの二人に教育を受けさせ、残る二人には家業の農業をさせるという例もある。そこには意図的なきょうだい間での別選択がみられ、家庭における役割分担の側面を捉えることができる。

このように、学校選択には、家庭背景や親の教育経験と関心に依拠し、コミュニティでの生活が反映されていることが明らかとなった。親の職業が経済状況を示すとするならば、KGスクールに子どもを通わせる親たちが子どもの教育にお金をかけることに重点をおき、一方で政府系やNGOスクールに通わせる親たちは利益を得ることに関心をおくという状況も理解できるだろう。また、親の識字率が学校教育への理解関心に結びついているとすれば、識字率の高いKGスクールの親たちの方が、子どもの将来にとっての教育の役割を理解していると捉えることができる。それに対して、早朝コーラン学校での教育が子どもの将来のコミュニティ生活にとって役立つ重要なものであると考える親たちが、マドラサに子どもを通わせることも理解できる。

第6節　子どもたちの学校選択

(1)　子どもたちに与えられる選択の余地

学校選択が親の職業や教育経験など家庭背景に関係していることが明らかとなったが、子どもたち自身もまた、各学校についての見解をもち、彼らなりに選択していることを無視することはできない。

NGOスクールに通わせる多くの親たちは、「学校のことは子どもの方がよく知っている。自分たちは学校に行った経験がないから」という。N1校から他の学校へ転校した子どもの母親は次のように話した。

シャヒン母(12)：どこの学校に行くかは子どもが自分で決めること。この子の姉も自ら好んでN1校に通っていた。姉は近所に一緒に行く子がたくさんいたから。姉が卒業したので一緒に行く子がいなくなった。近くの同級生とは仲が悪く、一緒には行こうとしない。だから村内の公立学校に自ら移ったのだ。

シャヒンの母親のように学校について明確な見解やイメージをもっていない場合には、子ども自らに学校選択の自由が許されうることを示している。さらに、学校を子ども独自の場として捉え、将来的な期待や展望はそれほどもっていないことが次の例からわかる。

筆者：子どもにはどこまで教育を受けさせたいですか？
パプリとパピア父：能力（ギャン *gyan*）がよければ。なければどうしようもない。
オプ祖母：親は子どもが立派な人間になることを願っているが、子どもがどれだけ勉強するか、やる気を示すかは子ども次第。やる気がなければどうしようもない。
シャヒン母：教育で得られる利益（ラブ）は本人たちのもの、自分たちの利益ではない。

こうした傾向はNGOスクールや公立学校の親により顕著にみられる。KGスクールの親の方が教育経験があることや、お金をかけて教育を受けさせることによる期待からは、このような「子ども次第」という考え方はみられない。

(2)　子どもたちの学校移動

子どもに学校選択の自由があることを示す、より明確な事例を紹介したい。二〇〇二年夏から二〇〇三年末までの一年半の間、調査地周辺では政府運営の公立学校や登録学校、マドラサにおいて、牛乳とビスケットを毎日全生徒に配給する一時的なプログラムが実施された[13]。この一年半のうち、後半の一〇ヵ月間（二〇〇三年三月から）はNGOスクールでも支給されたが、それまではNGOスクールは対象外とされ、結果、調査地周辺で牛乳ビスケットが配られる学校と配られない学校の差異が生じた。その状況をめぐって、とくに低学年の多くの子どもたちが、親や教師の許可なく牛乳ビスケットが配られる学校に移っていく事態が生じた。しかし、子どもが勝手に学校を転校するという状況に対して、多くの親たちは「子どもがそうするのは仕方がない」とか「子どもはわからない（ブジナイ）から仕方がない」「子どもが牛乳ビスケットを欲しがるのは自然なことだ」として、子どもたちの規則違反を「わからないから仕方がない」と容認した。本書ですでに明らかにしてきたように、子どもに対する「ブジナイ」という概念は、子どもを社会のルールに従う義務から開放し、子どもたちはそこに社会の規則に支配されずにすむ猶予的自由を獲得する。これが学校教育の場においても適応されうるという現状は、学校教育が子ども空間の一部を成しているに過ぎず、それ以上ではないことを示しているともいえる。

しかし一方で、子どもたち自身の学校選択についての見解に着目すると、彼らが各学校に対して明確な意見をもっていることに気づく。

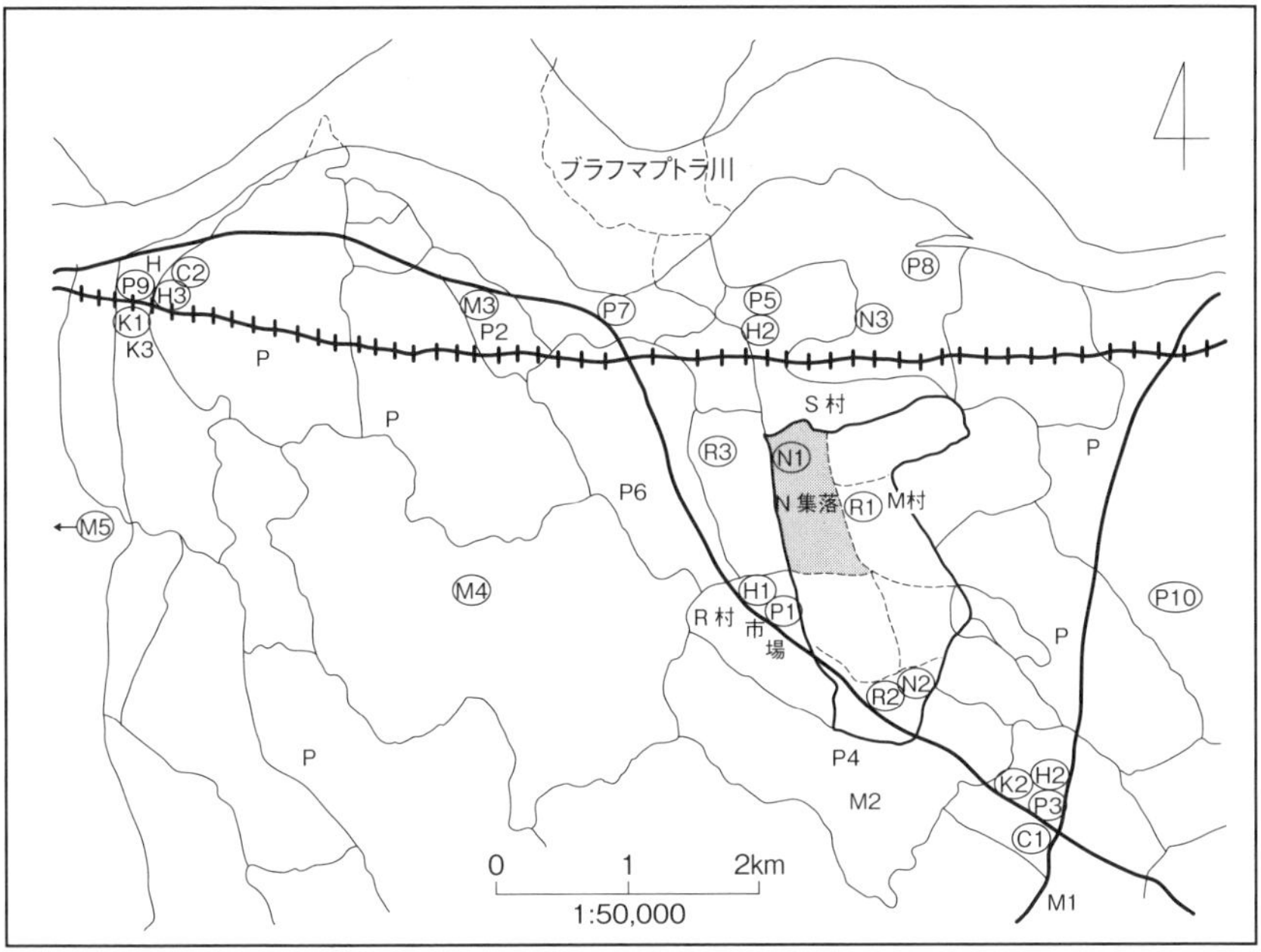

図 5-3：子どもたちが認識する学校の範囲
出典：2004 年のインタビュー調査にもとづき筆者作成

N1校の三年生から五年生に、N1校以外の知っている学校を尋ねたところ、図５-３の丸印で記した各学校が挙げられた。彼らの親たちが各学校に関する知識をほとんどもっていないにもかかわらず、彼らは周囲のかなり広範囲の学校について知っていて、自らの学校を相対的にみている。

（五年生男子の会話）

筆者：他の学校のことはどうやって知るの？

ショムシェル：他の子どもたちが話しているのを聞いて。バザールに行くと他の学校の子どもたちと会ったりする。他の学校に行っている子どもが遊びに来ることもある。

ジョフルル：自分たちも他の学校に遊びに行ったりするよ。
筆者：この学校とはどんなふうに違う？
ショムシェル：この学校はノートやペンをくれるけれど、他の学校ではくれない。
ジョフルル：この学校は教育（ポラ *pola*）がよくて、ちゃんと授業をしてくれる。他の学校はちゃんと授業をしないんだ。
筆者：他の学校ではちゃんと教えてくれないの？
ノズルル：授業を始めたら先生が寝てしまう。P5校の先生とか。
セリム：遊びの時間が多過ぎる。先生はいつもうちわで扇いでいたり。
筆者：N1校の方がいいのね？
複数：いい！一番いい！
筆者：どんなところがいいの？
ショムシェル：あなた（筆者）が来てこうやって話す！他の学校にはこんなふうに毎日来ないでしょ？
セリム：トイレもあるし……今は壊れているけれど。池もあるし、遊ぶ広場もあるし。
ジョフルル：ポンプはない！泥棒がもっていった！
ビドゥット：ボールもあるし……ない、パンクした！
筆者：他の学校に行きたいと思ったことある？
ジョフルル：ない、五年生をパスしたら他の学校に行くよ。

（四年生女子の会話）

筆者：ほかの学校をみに行ったことはある？
シャプラ：行ったことがある。以前R1校に通っていたから。
筆者：R1校とこの学校はどちらの方がよかった？
シャプラ：この学校の方がいい。
筆者：どんなところがいいの？
シャプラ：教育がいい。
プラトナ：授業をきちんとしてくれる。時間どおりにおこなわれる。生徒もいつも来る。
ビュティ：先生たちがかわいがってくれる。
シャプラ：ノートや鉛筆をくれる。だからこの学校が好き。
筆者：他の学校の教育はよくないの？
複数：よくない。
シャプラ：時間どおりに授業がおこなわれない。すぐに休み時間になるし。時間より早くに終わる。先生たちは授業をせずにオフィスでしゃべっているの！

学校間を移動した経験のある子どもたちも同様に、上記に示したいわゆる教育の質をその理由としてあげている。

アリム[14]**：**以前通っていたR1校では、先生たちは毎日学校には来るけど授業をしなかった。オフィスに座っているだけ。少し教えてすぐ宿題にするんだ。それに比べてこの学校は、毎日授業がおこなわれているし、先生たちはよく教えてくれる。だからこっちの方が好き。

ジョシム[15]**：**周りの子どもは牛乳ビスケットがもらえるからと他校に移ったけれど、ぼくは行かなかった。ここでは牛乳ビスケットはないけれど、教育がよいから！

次の会話は、学校選択におけるまさに子ども独自の視点を示している。自宅の近くに小学校があるにもかかわらず、遠いN1校に通っている子どもである。彼は、意識的に親の目から離れた学校を選んでいる。

筆者：ショムシェル、ジョフルル、あなたたちの家からはここよりもP5校の方が近いよね？それなのにこの学校に来るのはなぜ？中学校もH2校でなくH1校に行くの？

ショムシェル：P5校よりこの学校の方が気に入っているから。もし誰かとケンカしたら、近くだと親にいいつけられるかもしれないけれど、家から少し遠いと親の耳には入らない。年上の子とケンカしたときにも。

さらに、子どもたち自身による学校選択は、学校間を移動する際に、より顕著に捉えることができる。表5－9と図5－4は二〇〇三年一月から二〇〇四年七月の間にN1校の一クラス（二〇〇三年当時四年生、

表5-9：N1校から移動した生徒

No	移動先	移動の理由	決定
1	N1 → P1	友人との喧嘩	本人
2	N1 → P1	1の移動につきあって移動	本人
3	N1 → R3	ただそうしたかった	両親
4	N1 → P5	遠距離と奨学金	父親
5	N1 → P5	遠距離と奨学金	本人
6	N1 → P5	4と5の移動につきあって移動、奨学金	本人、母親
7	N1 → P5	一緒に行く友人がいない	本人
8	N1 → R1	R1校の教師と親戚関係	兄
9	退学	母親と一緒にダッカへ移住	母
10	退学	ジャマルプール市内で働く	不明
11	退学	家で家事	本人
12	R1 → N1	以前N1校にいたが姉が友人と喧嘩してR1校に移動したのでついて行った。姉の小学校卒業後再びN1校に戻った。	本人

出典：2004年の調査にもとづき筆者作成

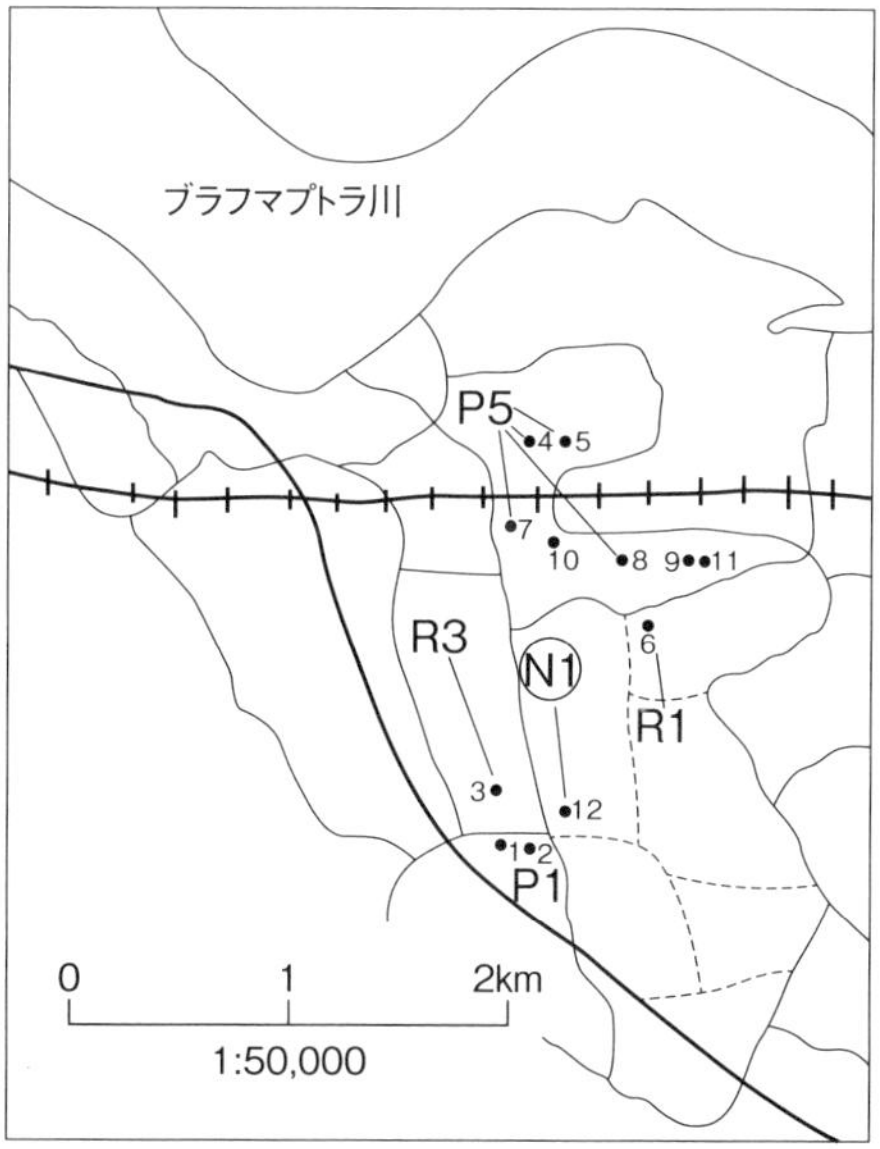

図5-4：表5-9の移動生徒の居住先

出典：2004年の調査にもとづき筆者作成

二〇〇四年に五年生）を去っていった生徒の行き先を示している。二〇〇三年一月に二二人であった生徒が、二〇〇四年八月には一四人になっていた。さらに一人が他校から転入し、二人は二〇〇三年の五年生から留年した生徒である。つまり、この間に一一人の生徒がこの学校を去ったことになる。子どもたちの転校には、友人やきょうだいとの関係が強く関係している。友人とのケンカや、仲良しの友人やきょうだいの移動につきあっての移動などがある。また、数人の子どもは「ただそうしたかった（モネルイッチャ *maner icca*）」とし、とくに明確な理由なく気分によって学校を移動するようである。

さらに子どもたちは、中学校進学についても展望をもっている。

（五年生男子の会話）

筆者：五年生を終えたらどこの学校に行くの？
セリム他：H1校。
筆者：みんなH1校に行くの？
全員：うん！
筆者：ここの学校から偶にM3校に行く子もいるよね？あそこはどう？
ジョフルル：いいよ。でも僕は行かない。
セリム：遠いもん！あそこはアラビア語も教えるし、ベンガル語も教えてくれるけど。
ショブズ：ベンガル語は教えないよ。
セリム：ベンガル語も教えるよ！
筆者：M3校は遠過ぎるのね？
ジョフルル：うん、僕の姉は行っているけどね。
筆者：M3校には行きたくないのね？

セリム：行きたいと思うよ、でも遠いから。
ヌロル：行きたいとは思う。
筆者：どうしていきたいと思うの？ H1校よりいいと思う？
ヌロル：H1校より（M3校の方が）いい、とは思わないけど。
セリム：アラビア語も教えてくれるし、お祈りも教えてくれるし。
筆者：M3校はちゃんと授業はしているの？
ジョフルル：うん、ちゃんと授業はしている。
筆者：誰から聞いたの？
ジョフルル：僕の姉から。
セリム：近所の子たちも行っている。
筆者：みんなH1校をみに行ったことある？
ショムシェル他：ある。
筆者：どんな感じ？
全員：悪くないよ。
筆者：どんなところがいいの？
ノズルル：学校に扇風機がある。
筆者：小学校と中学校って、違うと思う？
セリム：小学校は五年生までだけど、中学校はＳＳＣまである。

筆者：みんなＳＳＣまで勉強する？
セリム：うん！
ジョフルル、ビドゥット他：したい気持ちはある。
筆者：どれくらいまで勉強したい？
複数：ＳＳＣまで。
ショムシェル：ＳＳＣまでやりたいけれど、そんなにできないと思う。家にお金がないから。

（四年生女子の会話）

筆者：みんな他の学校には行きたいと思う？
複数：思う。
筆者：どこに行きたい？
ヘピ：五年生をパスしたらハイスクールに行きたい。
筆者：みんなハイスクールに行きたいのね？どこのハイスクール？
複数：H1校。
筆者：みんな何年生まで勉強したいと思う？
複数：メティック（ＳＳＣ）まで。
筆者：みんなＳＳＣまで勉強したい？
プラトナ：したい、ＢＡまで勉強したい。

ビュティ：わたしは一〇年生まで。
ヘピ：わたしはＢＡまで。
シャプラ：ＳＳＣ。
シマ：ＢＡ。
筆者：ＢＡはどこに行けばできるの？
プラトナ：C1校。
ビュティ：わたしはＢＡはしない。わたしのお父さんは貧乏だし、ＢＡまではできないと思う。

四、五年生の子どもたちは、すでに中学校に関する知識をもち、どの学校に通いたいかという意向をもっている。また同時に、自らの家庭の経済状況を認識し、教育を続けることが可能かどうかを見極めている子どもたちもいる。

子どもは「ブジナイ（わからない）から」という親の不介入によって、小学校だけでなく中学校に関しても彼らなりの展望をもつ余地を得ている。子どもたちは彼らなりの比較によって学校を判断する。その情報は、他の学校に通う、あるいは通った経験のある子どもたちから得る。子どもたちは独自に彼らをとりまく状況を理解し、特定の学校に自らを位置づけることをしている。

しかしながら、ＫＧスクールのように、すでに親の関心や知識が明確になると、子どもたちが独自に学校を選択する余地は失われるだろう。ＮＧＯスクールでの子どもの会話のなかにも、彼らの知る他校のなかに

KGスクールは登場しない。授業料を必要とするKGスクールは、親の許可なく子どもが選択できる場ではない。たとえ子どもたちが望んだとしても、勝手に学校間を移動することは、KGスクールに限っては不可能である。

子どもの原理による学校選択は、学校教育への関心が高まれば機能しなくなるだろう。ことにダッカの現在急成長しつつある中間層においては、学校は親たちの最大の関心事項となっている。英語を教授言語とする「イングリッシュ・ミディアム」の私立学校や、外国資本のインターナショナルスクールに、高額な授業料を払って通わせ、さらに家でも家庭教師をつけて勉強させる。有名私立校では定員の一〇〇倍の入学志願者を集めることも少なくない。そうしたエリート教育のもとでは、子どもたちが親の教育関心から自由を得ることはほとんど不可能である。

ゆえに、農村部における子ども独自の学校選択は、学校が普及しつつあるが未だ人びとの意識のなかで明確な位置づけが確立されていないという現状における、変容期ゆえの現象だといえる。人びとは学校を、既存の子ども世界のなかに捉え、子どもに対する「ブジナイ」という認識のもとで、不介入の猶予的余地を残している。そのことによって、子どもたちは自らの学校を選ぶという洞察と判断を展開する。しかし近い将来、おとなたちの学校に対する関心が増すにつれて、子どもはその自由を失い、学校選択の機会をもたなくなるであろうことは容易に想像がつく。そのカギを握るのもまた、「教育第一世代」の彼らであり、彼らが次世代に教育を与えるときなのだ。

ここで紹介した「学校に対する子どもたちの見解」のもつ意義を少し述べておきたい。子どもたちの学校選択をめぐる洞察は、我々おとなの側からすれば、やはり「わかっていない子どもたちの戯言」とされてしまうかもしれない。この子たちもいずれ成長すれば、やはり自らがもっていたこうした見解など忘れてしまうか、「子どもだったから」と否定するだろう。実は、教育経験というのは後からその意味が確認され、個人の人生において振り返られるものであり、子どもたちが実況的にその意義を理解して受けているものではない。おそらくそれは、どの社会でも同じであり、また初等から高等教育まで、いずれにおいてもそうなのである。しかし、筆者は、教育を考えるときに、やはり主体は実況的にそこで教育を受けている子どもであって然りと考えている。たとえ彼らが後にまったく異なった見解を示そうとも、学校に通っているそのときに、彼らにとって学校という場がどのように理解されているのかをみることは重要である。それを捉えるのは決して容易なことではない。なぜなら、多くのおとなたちは自ら教育を経験し、おとなの視点から教育を理解し、その理解のもとで子どもをみてしまうからである。本書が対象とするバングラデシュ農村社会は、その点において利点がある。それは、当該社会のおとなたちに通学経験がないゆえに、子どもが独自のパースペクティブをもちやすいということだ。筆者が子どもたちと視点を共有することで、いくらかこれを捉えることができたのではないかと考えている。

注

（1）　正式名は、Bangladesh Rural Advancement Committee。独立直後の一九七二年に難民救済団体として開始し、その翌年には開発団体に移行する。一九八五年に始めたノンフォーマル教育(Non-Formal Primary Education：ＮＦＰＥ)は、バングラデシュで始められた貧困対策のモデルとして、マイクロ・クレジットと並んで世界に広がる。独立後のバングラデシュ教育政策の流れを検討したUnterhalter は、ＮＧＯによる教育への取り組みをバングラデシュ教育政策の一つの特徴として指摘している [Unterhalter2003]。

(2) *General line* とは公立中学校に進むことを意味し、*Arabic line* とはマドラサへの進学を意味する。調査地の人びとによるこの呼び方を採用した。

(3) チャックリ (*chakri*) とは一定額の給与所得をともなう職業 (サラリーマン) を意味する。

(4) シュボは当時K1校の三年生に在籍していた。二年生までN1校に行っていたが、親の意向により三年生からK1校に転校した。彼の父親はサウジアラビアで働いている。父は九年生まで終え、母は八年生まで勉強した。現在シュボはN集落内の父方バリで暮らしている。

(5) 当時パイサルはK1校の一年生であった。以前はN1校の幼児科に通っていたが、父親の意志によりK1校に転校した。父はチッタゴン県の軍部で働いている。母親は八年生を終えた後結婚した。父が単身でチッタゴンにいるためパイサルはN集落にある母方バリで母と弟と一緒に暮らしている。

(6) シャキルは当時K1校の幼児科にいた。以前はN1校の幼児科に通っていたが、この年からK1校に転校した。彼の父親は三年生まで学校に通った経験があり、五年前からサウジアラビアで働いている。母親は八年生まで教育を受けた。シュボとは父方従兄弟で、同家屋で暮らしている。

(7) 二〇〇四年当時のレートで約二〇〇〇円。

(8) ショブジャは当時P5校 (公立学校) の五年生に在籍。四年生のときにN1校から転校した。父はすでに他界し、現在はS村で母と二人で暮らしている。彼女は七人姉妹の末っ子で、五人の姉たちは学校に行った経験がない。六番目の姉はN1校に三年生まで通った。四人の姉たちは結婚して近隣の村々に住んでおり、二人の姉はダッカで家事使用人として働いている。

(9) ショポンはN1校を卒業し、当時M3校 (マドラサ) の七年生に通っていた。N集落で、両親と兄家族とともに暮らしている。四人の兄がおり、長男の兄はHSC試験受験まで教育を受けたが不合格。他の二人の兄は学校に行った経験がない。両親も教育経験はない。

(10) マスッドはM3校の六年生に在籍。N集落に、両親と兄、姉、妹とともに暮らしている。きょうだいは皆N1校で勉強した。

姉は五年生を終えた時点で教育から離れ、兄は公立中学校（H1）で勉強している。妹は現在N1校の五年生。父はN集落モスクのイマームを務める。

（11）当時ラシェダはM3校の八年生に在籍していた。S村で、両親と弟、妹と一緒に暮らしている。両親は教育経験はなく小規模の農業で生計を立てている。彼女は小学校時代は三つの学校を転々としていた。

（12）シャヒンは当時P5校五年生に通っていた。S村に住み、両親は近所で農業労働をしている。母親は教育経験はなく、父親は五年生まで教育を受けた。四年生のときにN1校からP5校へ転校した。姉と妹がいて、姉はN1校を卒業後P5校に併設する中学校（H2）に通っている。

（13）このプログラムは、大規模ＮＧＯであるＢＲＡＣの下位組織Land&Laksによって、ジャマルプール県のみで実施された。その後、他県においても徐々に広がりをみせた。

（14）R1校からN1校の三年生に転校してきた。

（15）当時N1校の三年生に在籍。Ｓ村在住。五年生に従兄がいて、毎日一緒に登校している。

終章 「子ども域」の豊かさ

第1節 「あそび」としての「子ども域」

バングラデシュの子どもたちにみられる「子ども域」という領域は、いわば、ねじの「あそび（ゆとり）」のようなものではないだろうか。ぶらぶら（ぐらぐら）していても「ブジナイ（わからない）から仕方がない」として許される。子どもたちには「ねじを締めない」という選択は許されないけれど、どのくらいのペースで、どのようにして締めるかは、子どもたち自身に委ねられている。子どもたちは、家庭での手伝いや、集団遊びを介した子ども同士の関係を通じて、自らそのねじを締めてゆく。そして、通過儀礼の社会的意義は、ねじが締まっていることを示す「カチッ」という音のように、社会にそのことを知らせることにある。「あそび」があることは、そのねじ（社会の構成員としての子ども）が機能するうえでは障害になるが、物体そのもの（社会）においては軋轢摩擦を吸収するうえで、ときに有効不可欠なものである。

こうした「子ども域」にこそ、「子どもが育つ本質」「人と自然の関係のプロセス」が示されるように思う。そして、そこからわれわれ日本社会が相対的に振り返り、学ぶことが大いにあると感じている。

第2節　「子ども域」の条件

「子ども」であるという特異性のもとで、行為者としての子どもたちが社会との関わりを築く「子ども域」が、子どもたちの育ちにおいて有効に機能するには、いくつかの条件がある。バングラデシュの「子ども域」には、①子どもとおとなの相互関係における子どもの自由、②子どもの主体的集団形成、③子どもにとって洞察可能なおとな社会、の三つの条件が有機的に機能していることが確認できた。子どもたちが自らの原理にもとづいて、段階的に規範を築き内在化させる根底には、この三つの要素が不可欠だといえる。

まず、おとなからの自由。第2章で示したように、「ブジナイ」という認識によって、おとなたちは「子ども」を、社会の規範や役割を未だ理解実行できない存在として放ったらかしている。また第5章の学校選択の場面では、学校教育に関する認識や学校教育が子どもの将来に及ぼしうる効果にそれほど関心がない親ほど、子どもの独断の転校に対して「子どもはブジナイ（わからない）から仕方がない」という姿勢を示していた。つまり、おとなたちが子どもを「ブジナイ」とするのは、子どもへの役割期待の不明確さにも関わっている。親が、子どもがどうすべきかわかっていないながらも、あえて本人の意向に任せるという意味の「放任主義」とは異なり、あくまでも「放ったらかし」なのである。

この「放ったらかし」の自由が有効に機能するのは、異年齢の子ども間の相互行為があるからだ。それが最も顕著にあらわれていたのが子どもの遊びの集団形成である。「遊びによる学習」については、序章先行研究のなかで挙げた藤本の「子ども文化」の議論でもすでに明らかになっていたが、加えて、彼らが子ども同士の関係や集団での位置づけに触発されて、同集団内への同質性を求めて規範を築き意識する過程が、段階的な集団形成に垣間みられた。割礼の事例においても、ほかの友だちがすでに割礼を済ませていることから自ら割礼を希望する様子などは、子ども間の同質性の機能である。学校選択でも、子どもが無断で学校を移動する原因には、友人やきょうだいとのつき合いが深く関係していた。こうしてみると、子ども間の集団性、すなわち彼らが段階的な集団を形成し、そこに自らポジションを得ようとすることが、彼ら彼女らの規範の獲得を促していることがわかる。そして、子ども間で築き上げる規範が、子ども世界の内に留まらず、社会行動として適応されるようになると、子どもたちは「わからないから仕方がない」として放ったらかしにされる猶予も失うようになる。家庭における役割の増加とともに、子どもたちは集団を形成することもなくなり、社会での立場も次第に明確になってゆく。それが子ども期の終焉である。

また、子どもたちが展開する規範の内実には、近しいおとな社会が強く影響していた。「ブジナイ」という子ども観に示されるように、子どもの社会との関わりや規範の獲得は「ブジ（理解）」を得る過程である。つまり、「ブジナイ」と「ブジ」は常に相関的に理解されている。それは、子ども独自のものとして捉えられ、おとなになると失われるとされる「イノセンス」とは明らかに異なる。ブジ獲得の過程において、子どもたちが年下の子どもたちを「ブジナイ」「プナイ」といった言葉によって自らとは差異化し、自らが属する集団を徐々に複雑にしていくことからも明らかなように、その方向は常に上の年齢層に向けられ、やがておとなな社会に到達する。子どもたちがおとな社会の規範に近い「ブジ」を形成しうるのは、「ブジナイ」として放ったらかしにされる猶予域が、積極的な囲い込み領域ではなく、消極的残余の域であるからだろう。子どもたちはおとな社会を容易に洞察し、影響を受けうるところで、知らず知らずのうちに規範の形成や獲得を展開しているのである。これは、原が述べた「大人と子どもの境界の不明瞭」さ、とも通じるところである［原一九八六：三一九］。

逆にいえば、当該社会の子どもたちは、おとなとは切り離された子ども独自の世界を築く機会にそれほど恵まれておらず、彼らの「子ども社会」の形成は、「ブジ」と「ブジナイ」の相関関係に組み込まれた過程でしかない。そこで用いられる規範や「ブジ」の要素は、彼らの近しいおとな社会の模倣による場合が多いため、結果としておとな社会の規範を習得しているかのようにみえる。しかし、だからといって子どもが常に受動的なわけではなく、彼らは子ども同士の関係形成を通じて「ブジ」を構築しているのである。その過程をいかに経るかは、子どもたちが放ったらかしにされるがゆえに、主体的能動的でありうるという意味で、「子どもの原理」が働いている。

社会の状況がどのように変わっても、「子ども域」の存在、すなわち、子どもたちが「子ども」としての特異性のもとで、行為者として社会との関わりを築くということ自体は変わらないはずである。そのなかで、「子どもが育つ」という本質を考えたときに、子どもに許されうる主体性、集団形成のもつ機能、そして模倣する先の社会、という三つの要素が関係することを、バングラデシュの子ども域から学ぶことができる。

第3節　文化装置としての「ブジ」「ブジナイ」

本書で描いたバングラデシュ農村社会における「子ども域」の特徴は、当該社会のおとなたちのもつ「子どもはわからない（ブジナイ）から仕方がない」として、子ども独自の行為を「放ったらかし」にして許す猶予域にあった。この「ブジナイ」という概念が、バングラデシュ社会における「ブジ（理解）」をめぐる社会関係と、その変容を検討し得る可能性をも有している。

「ブジナイ」という言葉が「ブジ（*bhuji*：理解する、わかる）」と「ナイ（*nai*：否定）」から成ることはすでに述べた。人びとは「子どもはわかっていない（ブジナイ）」とみているのだが、何についてわかっていないといっているのかといえば、おとな社会の規範やルールを未だ理解していない、という意味であった。しかし、子どもが「ブジナイ」とされることは、単に未熟であるという否定的な意味ではなく、社会のなかで「ブジナイ」イコール「子ども」としてのポジションを示していた。それが、筆者が「ブジナイ」を「子ども観」の象徴として捉えた所以である。「ブジナイ」と同義的に使われる「プラパン（*polapan*）」は、語源としては単に複数の子どもを意味する言葉だが、「ブジナイから仕方がない」と「プラパンだから仕方がない」という表現は同一の文脈で使われていた。

当該社会の「ブジ」の概念には各立場にもとづいて程よい「度合い」が存在することを第1章で述べた。関係性のなかの「ブジ」、つまりは「わかっているべき」だけでなく「わかっていないべき」ということが、

「ブジ」の内実とは別の意味で重要性をもち、それが立場や役割を形成している。そして、「ブジナイ」ことは決して否定的なだけでなく、子どもたちに対して用いられるように、「ブジナイ」ことこそが「仕方がない」として許す理由となり、他を受け入れる寛容さをも導く。子どもたちは、寛容さのなかで失敗を恐れず、「ブジ」の内容と同時に、こうした「ブジ」の適切な度合いを理解する。それが、社会のなかでの立場や役割を獲得する（演じる）、つまり社会関係を築くことを意味するのである。

しかしそこに、近年では学校教育を通じて得られる「ブジ」、つまりは新たな内実的「ブジ」が交錯する現状がみられる。「ブジ」と「ブジナイ」という関係の基盤のうえに、学校教育によって直接的に教えられる「ブジ」、知識をはじめとするイデオロギーとしての価値が侵入する。つまり、おとなたちが「学校のことは子どもの方がよく知っている」というように、親世代がもちえない「ブジ」を子どもたちは習得し、独自の「ブジ」「ブジナイ」の関係を作り出す。「ブジ」はそうした新たな価値を関係のなかに創造する装置にもなりうるのである。それを捉えることで、バングラデシュの社会関係と規範構築の変容を明らかにしうる。ことに、本書が対象とした教育第一世代の彼ら彼女たちが、学校での経験をもとに展開する「新たなブジ」は、当該社会の変容に大きな意味を成すだろう。

第4節　「子ども域」という視点がもたらすもの

序章で述べたように、従来の子ども研究では、社会と子どもの関係は、社会がいかに個人を成型しているかという社会から子どもへの一方向の議論が中心であった。あるいは子どもをおとなとは切り離した存在として、「異文化としての子ども」の内面をみる視点であった。そこで、おとなと子ども双方からの働きかけのもとに、子どもと社会の関わりを捉えようとしたのが「子ども域」の議論である。

本書によって捉えられた「子ども域」は、子どもが他者との間に相互行為を展開し、規範を形成し獲得する領域であった。それは当該社会のおとなと子どもたち自身による「子ども」特有のイメージによって確保され、そのなかで子どもたちは他者との関係を築き、洞察可能な距離にあるおとな社会の規範を半ば取り込みながら、能動的に規範を獲得していた。つまり「子ども域」は、おとな社会と子どもの接合領域にある潤滑油のようなものであり、それゆえ可変的かつ脆弱で、規定される領域が増えるにしたがって減少していくものである。

このように、「子ども域」という概念を用いることで、社会と子どもの間にある新たな関係性がみえてくる。どのような社会でも、子どもは生まれてから成長のなかで徐々に認識を広げ、行為言動を変化させていく。そのプロセスにおいて、おとなのまなざしと子どもの能動性がいかに出会うかを捉えるには、「子ども域」という視点からその駆け引き具合を検討することが有効と思われる。そのような視点から日本社会を考えるならば、子どもの集団形成という行為自体がすでに学校をはじめとする社会システムによって規定され、子ども独自による展開が難しい社会で、はたしてどれほどの「子ども域」を見出すことができるだろうか。「子ども域」がおとな社会と子どもの接合領域にある潤滑油であるとするならば、それがどのような様相を成しているかという視点から「子どもの問題」を考えてみるのもいいかもしれない。あるいは、子どもと社会との関わりをもたらす「子ども域」が機能するためには、社会は「子ども」をどう捉える必要があるか。

こうしたところに、「子ども域」議論の有用性がある。

エピローグ

ある個人にとっての生活世界は、たえず移り変わり、やがて過ぎ去っていくものである。

二〇一一年の夏、パピアが結婚した。プロローグで紹介したプナイが、本書が出版される前に、本書で捉えた子ども期を逐次して、子ども期の終焉までたどり着いてしまった。

二〇〇三年に彼女と親しくなって以来、筆者は現地を訪れると必ず彼女を訪ねていた。小学校に通うようになって、パピアは母方バリで生活するようになった。妹が生まれて母が妹の世話に忙しくなったこと、また母方バリには叔父や叔母がいてパピアの勉強をみてくれるという理由だった。母方バリの近くには公立小学校があって、パピアはそこで五年生まで通った。二〇〇九年パピアがちょうど五年生になった年から、バングラデシュでは小学校五年修了時の全国一斉試験が実施されるようになったが、パピアはそれに不合格だった。「やっぱり公立学校ではダメだ」と、パピアは父母のいる実家に戻り、またN1校に通うことになった。一緒に学校に通うのは、かつてのプナイ仲間たちである。しかし、その頃にもなると、学校では縄跳びをしたりと元気に遊んでいたが、バリでは、仲間と池の畔をぶらぶらする、おしゃべりする、といった行為になっていた。その頃の彼女にインタビューした映像がある。筆者が「大きくなったら何になりたい?」と聞くと、「あなたみたいになりたい！」といっていた。しかし、N1校で五年生をやり直して一年後に再度試験を受けるとき、パピアは試験期間中に熱を出して受験できずに不合格、三度目の五年生をすることになった。パピアはあまり勉強が好きではなかったのだが、それでも学校には一応通っていた。

プロローグで述べたように、ショイは友人の結婚式にはきょうだいと同様に出席するものとされるが、実際には女子の場合、婚期を迎えた女性が、他人が大勢集まる友人の結婚の場に顔を出すのは難しい。パピアの結婚は「ある日突然に」やってきて、日本にいた筆者も違う意味でやはり出席が叶わなかった。結婚相手は、父方祖母の出身バリの親戚である。パピアの姉パプリは二〇〇七年（七年生のとき）にすでに結婚していた。パピアに縁談があったとき、両親は、パピアがまだ五年生も修了できていなかったので、結婚に同意はするが、あと二年くらいは実家においてほしいと頼んだらしい。相手側は親戚であったし、最初はその条件を受け入れていたが、数日後に、やっぱり先に結婚をさせたいといってきて、そのまま式を挙げて連れていったという。

女性たちの結婚がある日突然にやってくることは当該社会では決して珍しいことではないので仕方がない。パピアの結婚は親族内婚で、とくに祖母にとっては実家であり、母親（パピアの曾祖母）が健在なので、パピアも祖母も、頻繁に婚家と実家を行き来している。結婚後に筆者がはじめてパピアの婚家を訪ねると、パピアの義母は「この子はまだ料理も何もできないのよ」といい、家事の大半は義母が担っている様子であった。パピアは結婚式のときにもらったサリーを筆者にたくさんみせてくれた。

結婚が通過儀礼としての機能を果たし、子ども期の終焉を決定づけるものではあるが、パピアに限らず、すでに結婚した「かつてのクラスメート」の女の子たちをみていると、実家と婚家を頻繁に行き来し、結婚後も実家から学校に通うことも珍しくない。ある日突然にやってくる結婚という通過儀礼を受け入れうるのは、それに至るまでの段階的な変化が準備となっているからであり、それと同様に、通過儀礼後にも、段階的な移行期が存在する。ものごとは急にできるようになるわけではない。周りの者たちも、段階的な変化を当然として受け入れ見守っている。

今ここで生きる子どもたちは、近い将来のうちに子ども期を脱し、徐々にその経験を過去のものとする。「子ども域」において社会との関わりをもち、そこで築いた関係や規範が彼らの世界を形成し、根づいていく。しかし同時に、彼らが過ごした「子ども域」の感覚は、子ども期に限られた感覚や原風景として認識され、やがて「子ども観」として次の世代に適用される。すでに二〇歳前後となった当時の小学四年生たちは、女の子たちの大半は結婚し、子育てに従事している者も少なくない。男の子たちは、勉強を続けている者もいれば、ダッカの縫製工場に働きにいっている者も多い。彼ら彼女らはすでに「子どもの頃はよかった、何も考えずただ皆で遊んでばかりいたよね」と話す。しかし、当時から彼ら彼女らをみてきた筆者には、確かによく遊んでいたけれど、そのなかでおとなな社会を洞察し、子ども同士の関係を築き、彼らなりに考えていた実況の記憶（記録）がある。こうして人は、常に自らの今を生き、その視点で過去の自分を振り返る。

彼らとの付き合いから一〇年。青年期を生きる彼ら彼女らは、現代のバングラデシュ社会を象徴する存在である。彼ら彼女らの人生に実況で付き合うことが、何よりの筆者のバングラデシュ理解である。

〈補稿〉映像作品 *Circumcision in Transition* 制作ノート

――子ども研究における映像活用の可能性――

近年、デジタルビデオカメラの小型化・低価格化によって、多くの人類学者がフィールドワークにビデオカメラをもって出かけるようになった。一見、いわゆる最新機器から縁遠いとされる地に出向きながら、人類学者たちは、その包括的な調査のために、最新の機器を活用することに強い関心をもつ。筆者もまたカバンのなかに、スチールカメラ（本書の調査当時はフィルムカメラを用いていた）、デジタルビデオカメラ（DVカセット式）、そして従来のカセットテープレコーダーとフィールドノートをもって、フィールドワークに出かけていた。視覚的情報を瞬時にとらえるうえで、カメラはとても便利である。また、絵でスケッチするときと異なり、撮影者が焦点を当てたものだけでなく、意図していなかった情報が思いがけなく写り込んでいることも興味深い。そして、被写体となってくれた人びとと一緒に観賞を共有したときに、彼らが興味を示すポイントが必ずしも撮影者の関心と同じでないことから、二次的な発見を得ることもできる。

本書第4章「通過儀礼と『子ども域』」で取り上げた男子割礼の調査では、ビデオカメラでの撮影調査を活用した。この経験から、本書の補稿として、映像を用いた子ども研究の可能性について議論してみたい。なお、割礼については映像作品『Circumcision in Transition: in a Bangladeshi Village（バングラデシュ農村社会における割礼の変容）』（二〇〇五年／三六分）を制作し、国内外の映画祭で上映された。(1) 本書付属のDVDは、上映用オリジナル作品を一部短縮したものである。当事者の男の子たちから上映許可は得ているものの、プライバシーに関わる極度に私的な部分が含まれており、本映像作品は文脈に即した理解が不可欠である。そのため、後でも述べるように、オリジナル作品は、制作者である筆者が常に責任をもち、同席する場での上映を基本としている。書籍付属DVDという性格上、筆者の手を離れて視聴されることを考慮し、ストーリーはそのままで、場面の一部をカットした。

第1節 子ども研究における映像利用

人類学者だけでなく、多くの発達心理学者や社会学者もまた、「子どもの視点」を理解する試みを積極的に展開してきた［柴山二〇〇六など］。その方法論は多義にわたり、子ども研究はまさに学際的研究といえる。古くは、心理学者ピアジェは、文化社会環境をできる限り排除して、純然たる心理因果関係を明らかにする実験やテストを試みた。また社会学者たちは、質問紙を用いた数量調査によって客観性を導き出す方法を用いてきた。そして、人類学における子ども研究もまた、序章で述べたように長い歴史をもち、その基本的な方法はいうまでもなく包括的な参与観察である［Moton 1996, 松澤・南出 2002, Levine 2007, Bluebond-Langner and Korbin 2007, Montgomery 2009 など］。最近では、フィールドワークはもはや人類学の専売特許ではなくなり、心理学や社会学でも、子どもを文化社会的文脈から切り離すのではなく、社会環境のなかで理解するための質的調査手段として、フィールドワークを採用する動きが盛んである。そして、人類学その他の学際的な子ども研究の質的調査において、映像の活用も注目されている。人びとの相互行為に着目するエスノメソドロジー研究においては、固定のビデオカメラを終始回し続ける方法も用いられる。その場合の映像は往々にして、データ収集と分析が目的であり、発表では、その一部が提示されることはあるものの、基本的には文字に起こして論述するための材料とされる。

これに対して、人類学の映像利用では、データ収集の役割に加えて、カメラそのものが調査者とともに「人格化」され、さらに、収集された映像データを分析するだけでなく、映像作品として表現する方法が、映像人類学者の間で古くから確立されてきた。カメラの人格化とはすなわち、人類学者がそこに存在することによる影響に自覚的になるのと同じように、カメラがそこにあることが引き起こす影響を考慮し、ときに積極的に利用するということである。そして、視覚情報としての映像を、映像作品として構成し公表する。映像を用いた割礼の調査研究で筆者が試みたのは、まさにこの手法である。

映像人類学を子ども研究に採用するにあたって、カメラがどのように子どもたちに受け入れられ（その場合、調査者かつ撮影者のポジショニングが大きく関係することはいうまでもない）、「子ども」を読み解くべく作品を構成することがいかに可能かを、割礼調査の経験から検討してみたい。

第2節　「遊び」としての映像撮影

本書で述べたように、筆者と子どもたちの関係は、一緒に学校に通い、一緒に遊ぶ友人関係を基本としていた。そのなかで子どもたちは、カメラやビデオカメラといった筆者の調査機器に大いに関心を示した。もちろん個々人の性格によって差はあるが、多くの子どもたちが、筆者が撮る写真やビデオに写りたがった。さらに人気があったのは、テープレコーダーである。一時は、毎日のように、子どもたちが歌を歌うのを録音し、録音した後すぐに皆で聞くのが大流行した。筆者も、子どもたちがどのような歌を知っているのかに興味があったので、その「遊び」を受け入れた。最初は、学校で毎日歌われる国家やベンガル詩人による唱歌であったが、子どもたちが家から準備してくるようになると、テレビで流れている歌謡曲などを聞かせてくれた。

写真は、当時、筆者はフィルムカメラを使っていたので、その場ですぐにみることができなかったのだが、持参していたポラロイドカメラ（「チェキ」）が大人気だった。これは子どもだけでなくおとなたちにも人気があった。撮影と同時に写真が出てくることから「ションゲ　ションゲ　（同時）カメラ」と子どもたちは呼んでいた。しかし、筆者は「ションゲ　ションゲ　カメラ」のフィルムカートリッジをあまりもっていっていなかったし、現地調達もできなかったので、あっという間にフィルムがなくなり、「ションゲ　ションゲ　カメラ遊び」はできなくなった。

デジタルビデオについても、記録媒体のＤＶカセットをあまりたくさんもっていっていなかったので、ビデオは非日常の特別なときにのみ使うことにしていた。当時、町や村の経済的に比較的豊かな家では、結婚式に有料で町のカメラ屋からカメラマンを呼んできて、ビデオ撮影を依頼するのが流行り出していたので、特別な日にビデオカメラを回すという行為自体は、子どもたちや村人たちに容易に受け入れられた。筆者が学校でビデオカメラを回したのは、運動会をしたときと、皆が家から米をもち寄って料理してピクニックをしたときくらいである。撮影した翌日に、カメラの小さなモニターで、皆で観賞した。子どもたちは、自分の姿を必死になって探していた。

本文でも述べたように、当該社会の子どもたちは、あるいはおとなたちも、客を家に招くことを好む。このバングラデシュの人びとのホスピタリティに筆者はいつも助けられていたし、そのおかげで調査が可能になったといっても過言ではない。男の子たちと一緒に友人の家々を訪問したことは第3章で述べたが、女の子たちも、放課後、積極的に筆者を自らの家に招いてくれた。家に行って何をするわけでもないのだが、家族親族を順に紹介してくれて、水やビスケットを出してくれる。筆者にとっては、当時、子どもたちの家庭背景を知る絶好の機会であった。

こうしたなかで、筆者は男の子たちの割礼儀礼にも自然と招待されたのである。第4章で紹介したジョフルルはクラスメート、アノンドは滞在先家族の親戚である。彼らの家族についてはすでによく知っていたし、友人として、疑似親戚関係として、儀礼の場に筆者を招いてくれた。割礼というハレの日に筆者がビデオカメラを回すことは、子どもたち自身も期待していた。

第3節　割礼儀礼を撮影する

ビデオカメラが、同時に起こる事象を集約的に記録するうえで非常に有効なツールであることが、フィールドワークにおいて映像を活用する何よりのメリットであるといえよう。筆者もまたその理由から、ビデオカメラをフィールドワークに用いようと考えた一人である。とくに、儀礼という非日常の限られた時空間で起こる諸現象を包括的に記録するには、映像はきわめて有効である。割礼儀礼を撮影するにあたって、筆者は、儀礼の最初から最後までの全工程、その場に誰が参加してどのような役割を担っているか、そして割礼を受ける当事者の男子の非日常的な表情や感情、周囲のまなざし、儀礼のなかでのポジションを捉えることを意図してカメラを回した。

また、上記に述べた「テープレコーダー遊び」や学校でのビデオ撮影時と同様に、撮影した映像は、そこに映っている子どもたちや周りのおとなたちも観賞することを前提に、撮影した。映像の初期の歴史において、「ドキュメンタリーの父」とされるロバート・フラハティは、撮影した映像を現像し、そこに映っている人びとと一緒に観賞したことで知られている。その行為は、被写体たちの映像への関心を引き出し、積極的な参加を促し、結果として彼の作品は、人びととの共同制作の試みとなった。現代のデジタルビデオカメラは、この被写体との観賞を劇的に容易にしてくれる。儀礼の映像を子どもたちや周りのおとなたちに示したときに、彼らがどのような点に関心をもち、どのようにコメントするかを捉えることで、少しでも「彼らの視点」を引き出せるのではないかと考えた。

儀礼後数日のうちに、撮ったままの映像を人びとと一緒に観賞したところ、人びとが示した関心は、まずはそこに誰が映っているかであった。いうまでもなく、儀礼は、普段一緒に暮らしていない親族たちが集まる機会である。そこに映っている親戚が誰であるかを人びとは確認し合っていた。とくに、最近結婚したばかりの女性がいると、「これが○○の奥さんだ」などと、儀礼の中心の男子以外の人物も話題になった。次に焦点のポイントとなったのは、割礼儀礼の中心ともいえる、男子の性器の包皮の一部を切除する場面である。通常、割礼の儀礼では、この過程は部屋のなかで男性のみで執りおこなわれ、女性はみることができないとされている。しかし、ジョフルルの場合はバリの中庭でおこなわれたし、アノンドの場合は部屋のなかで行われたが、筆者がビデオカメラをもって同席することを歓迎してくれた。印象として、バングラデシュでは、「こととされる」と一応の決まりがあったとしても、例外的に許されることが多々ある。それは、本文で述べた「ブジナイ」による寛容さにも繋がるのではないかと思う。女性である撮影者に割礼の場面を撮影することが許されたのも、人びとの寛容さと、筆者の「子ども」的位置づけが有効に働いたからかもしれない。話を戻すと、女性たちはしたがって、筆者が撮影した映像を通して、割礼の場面をはじめてみたことになり、目を凝らし、さまざまなコメントを示した。

第4節 映像から導かれる解釈

前述のように、撮影した映像は、データとして文字に起こして分析し論じる方法と、映像そのものを構成して表現する方法の両方がある。撮影の際にあらかじめ、どちらを目的に映像を活用するかは決めておく必要がある。とくに映像を構成して表現するには、必要となる場面を計画的に撮影しておかなければならない。筆者は、割礼の撮影をした当初、前者、つまりデータ収集としての撮影を主眼におき、表現については、被写体の人びととの観賞およびコメントの引き出しくらいにしか考えていなかったのが正直なところである。データとしての分析は、まさに本書第4章でおこなったように、全工程の流れやそこに参加していた人びとを書き出し考察することに用いた。(2) しかし、人びとの反応と解釈が、筆者に、これを映像作品として構成することを促した。そのため本作品は、割礼儀礼の二年半後にインタビューを撮り足すという二段階の撮影を要することになった。

アノンドが割礼儀礼を終えた後、儀礼に参加していた人びとの何人かが、撮影した映像を観て、「自分たちの割礼儀礼はこんなんじゃない」と批判した。彼らがいうには、本来の割礼には特別な決まりがあり、たとえば、儀礼の際には牛肉カレーではなく甘い食べ物をふるまうべきであること、儀礼の最初に祈祷があるべきことなどである。また、アノンドの場合、近代医療に従事する医者によって割礼が施されたため、麻酔注射によって切除の際の痛みは取り除かれた。儀礼に参加していた人びとにとって、近代医療の医者による割礼をみるのははじめての経験であった。第4章で述べたように、「割礼にはストーリーがある」。「通常、女性は包皮切除の工程を目にすることはできないため、割礼を受ける男児の母親は、息子を心配しながら外で待つ。包皮切除が施された瞬間に、男児はその痛みから泣き声をあげ、外でそれを耳にする母親も息子を思って涙する」というものである。アノンドの割礼儀礼では「ストーリー」を確認することはできなかった。それに対して、ジョフルルの割礼儀礼の終了後、映像を村人たちにみせると、人びとは「最高の割礼儀礼だった」と称賛した。確かに、ジョフルルの割礼儀礼には「ストーリー」を捉えることができた。

筆者は、この二つの割礼儀礼の比較とそれに対する村人たちの「評価」をもとに、現代的変化に対する人びとの解釈を映像作品としてまとめようと考えた。当時、すでに都市部では近代医療による割礼が通常化し、病院で施すことも多くなっていた。それに対して、農村部では未だジョフルルの例にみられたような伝統的職能者による割礼が一般的であった。政府保健局や開発NGOなどは、衛生面の理由から病院での割礼を奨励していた。中間層の間では、病院で割礼を施すことが一種のステイタスシンボルにさえなっていた。映像作品としてまとめるにあたって、筆者が注目しようとしたのはこの点である。儀礼直後の村人たちの反応にもとづいて、「よい儀礼、悪い儀礼」として提示することを企てた。

割礼儀礼の撮影から二年半後に、筆者は二例の割礼儀礼を各二〇分に編集して、調査地を再訪した。当事者の男児とその家族親族を集めて、編集した映像クリップの上映をおこなった。筆者は、儀礼直後と同様に、人びとがジョフルルの儀礼に対してより肯定的な意見を述べることを想定していた。しかし、彼らは、両方の儀礼に対して「どちらもあり得る」という見解を示した。村の宗教指導者にも両方の映像クリップをみせて、割礼の意義や現代的変化についてインタビューしたところ、割礼は「スンナ（慣習）」であり、近代医療であっても伝統的職能者による方法であっても、それが実施されればよいと述べた。

また、映像は、当事者である男子たちの非言語表現を記録している。儀礼の非日常的な楽しみや、包皮切除の際の恐怖感や身体的痛みを、表情やしぐさから読み取ることができる。映像クリップをもって再訪した際に、当事者の二人の男子に映像をみせて、当時を振り返ってもらった。彼らは一様に、自らが儀礼の中心にいたこと、家族や親戚に祝ってもらったことを「楽しかった」と振り返った。さらに、割礼儀礼を受けることが、自らを「男性として」「ムスリムとして」自覚する契機となっていることを示した。映像人類学者として子どもにカメラを向けるマクドゥーガルは、「社会の参与者というよりは観客に位置付けられがちな子どもたちが、おとなの関心の対象となり得る唯一の場面は、子育てや儀礼である」と述べている［MacDougall 2006 : 87］。儀礼は、子どもたちにとって、非日常的に、コミュニティの注目を集める機会であり、ビデオカメラの存在はそれを助長してくれる。さらに、カメラによる映像記録は、記録された当時の自らの姿を客観的に振り返る契機を与え、またそれをみている姿が、言語的非言語的に、自らに対する解釈反応を示す。本映像作品には、彼らが当時を振り返る姿と解釈を含めている。

第5節 子どもの「主観」を捉える可能性

マクドゥーガルは、「映像が成しうる最良で、時に破壊的な機能は、望郷的思いや希望的観測に着色されない子どものそのままの姿を記録しうることである」と述べる［前掲］。筆者が本書において一貫して目指してきたのは、「子どもの視点」を捉えることにあった。この点において、映像による記録は、自らに関して言語を用いた説明をほとんどしてくれない（その能力をまだ十分にもち備えていない）子どもの、非言語表現を捉えるうえで非常に有効な手段である。

さらに、作品を構成するにあたって、二年半という一定の期間をおいたことにより、映像は、子どもだけでなくおとなたちをも、事象に対する客観的な視点からの振り返りへと導いた。とくに子どもたちは、自らの成長過程のなかで、映像に映る過去の自分を振り返り、語る行為を通じて、当時を現在の自分に結び付けて意味づける。そのことは、本文中で述べた、過去の自分を「プナイだったし」と語る行為とも関係している。しかし、本文でも述べたように、語る彼らの視点は、当時の彼らがいかに考えていたかではなく、今の彼らの視点からの解釈であることを忘れてはならない。そして、その視点と解釈は、彼らの成長と社会変化のなかで、今後さらに変化する可能性を含んでいる。

割礼儀礼だけでなく、筆者は、彼らの成長を追い続けるなかで、定期的に映像を撮り続けている。その記録は、彼らが自らの人生を振り返るときの材料となる。重層的に、映像に映る「過去の自分」についての語りをインタビューとして撮影しておくことも、価値の段階的変化を捉えるうえでは有効だろう。子ども研究における映像活用には、こうした「実況の子どもの姿」と「過去の自分を振り返る客観的視点」を段階的に捉えうる点に、その可能性の一端があるのではないだろうか。

本映像作品の最後に、筆者は当事者の男子たちに対して「バングラデシュで割礼がどのようにおこなわれているかを紹介するために、この映像を日本やほかのところでみせてもよいか」と聞いている。それに対して男子たちは、「いいよ」「楽しみ」と快諾してくれている。村で暮らす彼らの世界観のなかで、「友人」として関わる筆者との関係のもとに、彼らは「遊び的カメラ」「非日常の楽しみ」として撮影に積極的に協力し、そして上映を許可してくれたのである。しかし、彼らの世界観を超えたところでの映像に対する責任は、人類学者である筆者にある。あるいは、彼らが世界を広げ、映像に関する認識自体が変わるにつれて、彼らのこの映像に関する理解もまた変わる可能性を帯びている。彼らとの付き合いのなかで、研究の意義を常に確認する作業もまた求められ続けることだろう。

注

（1）第二〇回パルヌ国際ドキュメンタリー人類学映画祭（二〇〇六年七月、エストニア・パルヌ）では、「科学ドキュメンタリー最優秀賞」を受賞した。
（2）実際に撮影した映像の内容は、付録のＤＶＤを参照されたい。また、本書第４章において、儀礼の詳細および二人の男子の背景を比較し、その現代的変化について述べている。

あとがき

本書は、二〇〇七年三月に総合研究大学院大学文化科学研究科から博士号および長倉研究奨励賞を頂いた論文に加筆修正したものである。学位を頂いてから出版までに七年、もととなった現地調査から一〇年の歳月が掛かり、その間に子どもたちは大きく成長し、そしてバングラデシュ社会も劇的に変化しつつある。学位論文を書物にするまでに幾度となく突きつけられた質問は、「なぜバングラデシュなのか」である。子どもはどこの社会にでもいる。しかも、教育社会学や発達心理学等の他領域において日本の子どもがこれだけ豊富に研究されているなかで、「なぜ日本の子どもを対象としないのか」という指摘もよくされた。本書が、「アジアの最貧国、開発実践の事例として名高いバングラデシュの『かわいそうな子どもたち』」を対象にしていたならば、もしかするとこうした質問には直面せずに済んだのかもしれない。しかし、本書が対象とした、一見すると牧歌的で、どこにでもありそうな子ども期をみるうえで「バングラデシュでなければならなかった」理由は、おそらく半分は個人的な「出会い」に依拠し、そして半分は、あとからみえてきた地域研究的な意義と人類学の接点にある。

わたしが初めてバングラデシュを訪れたのは一九九六年の夏、大学三年生のときであった。国際協力に関心のあったわたしは、アジアキリスト教教育基金という日本のＮＧＯが実施しているスタディツアーに参加した。バングラデシュ現地ＮＧＯ（Basic Development Partners）が運営するノンフォーマル学校に通う子どもたちを目にして、教育の意味、そして彼らの生活そのものに関心をもった。

ちょうど同じ頃、通っていた神戸女学院大学で人類学者の松澤員子先生に出会い、人類学と出会った。当時は英文学を専攻していたわたしは人類学の知識がまったくなかったが、松澤先生の丹念なご指導により、同大学院人間科学研究科にて松澤先生指導のもと人類学を始めることができた。松澤先生から学んだことは、人類学の理論や調査法はもとより、他者との信頼関係を築き、周りを見渡しながら生きる人類学者としての生き方そのもので、それが人類学（人類学者）を志したいと思う動機にもなった。

博士後期課程は、国立民族学博物館を基盤研究機関とする総合研究大学院大学文化科学研究科に進み、押川文子先生のご指導を頂いた。インドを専門とする押川先生のもとで、それまで自分がいかに南アジアに関する基本的な知識さえ乏しかったかを痛感しながらも、先生のご指導と暖かい励ましによって研究を組み立てることができた。女子大の「褒めて育てる教育」に慣れていたわたしにとっては、国立研究機関での多角的な指摘（攻撃）に、最初は慄き、全体演習では涙することもあったほどであるが、どんなときも押川先生がわたしの関心を尊重してくださり、すぐに方向音痴になるわたしの軌道修正をしてくださった。押川先生の後押しがなければ「子ども域」の議論にはたどり着けなかっただろう。わたしにとって、松澤先生と押川先生との出会いは、人と社会と向き合う女性研究者としての生き方の指針を得るうえで、常にかけがえのない宝ものである。

総研大での院生時代には、本当に多くの先生方にお世話になった。入学当時、主指導教官の押川先生と共に副指導教官としてお世話になったのは臼杵陽先生である。中東地域を専門とする臼杵先生のまえで不用意にバングラデシュの「ムスリム」を語るとすかさず指摘が入る。本書にイスラーム色があまりみられないのはそのときからのトラウマかもしれない。しかし、南アジアのなかでバングラデシュのムスリムを語る際、それはどこか無意識に「非ヒンドゥー」を意味していること、また「ムスリム社会」という言葉とイメージで片づけ思考停止してしまうことの危うさを臼杵先生から教えてもらった。博士論文提出に至るまでには、南アジアにおける人類学研究を考えるうえで、杉本良男先生と三尾稔先生からも大変有益なご指導を頂いた。また故江口一久先生には、「子ども」を家族という視点から考えることにおいて貴重な示唆を頂いた。そして、学位論文審査においては、臼田雅之先生、西尾哲夫先生、野林厚志先生、杉本良男先生、押川文子先生には拙稿に丁寧にお目通し頂き、貴重なご指摘を多々頂いた。そのときの助言を本書出版に際してどこまで反映できているかは怪しいが、再考の指針になったのは確かである。

総研大（民博）で得たもう一つの出会いは、映像との出会いである。総研大に入学するまでは、まさか自分が映像人類学に片足を突っ込み、後に大学で映像を教えることになるとは夢にも思わなかったが、映像はわたしの研究生活に「起死回生の一撃」をもたらしてくれたといっても過言ではない。その道を提供してくださったのは大森康宏先生である。

また、総研大（民博）は世界各地の民族と社会を研究する人類学者が集結しているという恵まれた環境であり、各先生の指導を求めて集まる大学院生もまた世界各地を研究している。そこで出会った先輩方や仲間たちと共有した活発な議論や、研究の合間（の方が長いことも多々あったが）に交わした各々のフィールドに関する耳学問は、自らの研究を客観的に説明する視点において、また、今学部教育をおこなううえで、貴重な示唆を与えてくれている。とくに、押川ゼミで博士論文の執筆を共に切磋琢磨した親友の菅野美佐子さんとは、常に議論を重ね、互いの研究に関して愛着と苦労を分かち合った。切磋琢磨したという意味では、修士時代にバングラデシュでフィールドワークの時期を同じくした五十嵐理奈さんも戦友の一人である。その他、ここに一人一人の名前を挙げることはできないが、大学院時代に得た仲間は、今後の研究活動を進めるうえでの貴重な財産である。

博士課程修了後は、日本学術振興会特別研究員として京都大学地域研究統合情報センターでお世話になった。そこでも押川文子先生に受け入れて頂いたが、学位取得後は先生と一緒に研究グループを組織し、今も引き続き共同研究をさせて頂いているのは何よりの幸せである。また、研究員時代には京都大学東南アジア研究所の安藤和雄さん率いる実践型地域研究にも参加させて頂いた。安藤さんの叱咤激励は、自分の調査地しかみていなかったわたしに、バングラデシュの多様性と相対的な視点から自分の研究を見直す視点を与えてくれ、そして、研究と実践との懸け橋への関心をもたらしてくれた。

こうした多くの先生方と仲間から頂いた豊富な示唆を、本書に収めた研究成果が生かし切れているとは到底思えないが、その蓄積を今後も糧にしつつ、感謝をもって研究活動を進めていきたい。

そして、バングラデシュ現地における出会いこそ、「なぜバングラデシュだったのか」に答える何よりの根拠である。本書で扱ったデータはおもに二〇〇三年から二〇〇四年にかけての調査にもとづくものであるが、修士論文執筆のためにおこなった二〇〇〇年のフィールドワーク、さらにその前にベンガル語を学ぶために数カ月間ダッカで語学学校に通った一九九九年から現在に至るまで、現地滞在中に多くの方々のお世話になった。

調査許可においてはダッカ大学人類学部シャヘド・ハッサン先生に受け入れて頂いた。またダッカでの滞在においてはヒューバート・ゴメス氏一家のホステルとご自宅で家族のように受け入れて頂いたことで、安心して都市と村を行き来することができた。

とくにお世話になったのは、現地NGOの Basic Development Partners（BDP）である。BDPは、学部時代に訪れた村の学校を運営していたNGOで、調査地の選定においてもそのままBDPの学校に調査を受け入れてもらった。代表のアルバート・マラカールさんには、ロジスティックなサポートからバングラデシュ理解や人びととの接し方に至るまで、さまざまな面でご支援ご示唆を頂いた。まだベンガル語を習い始めたばかりの頃、言葉は使わないと習得できないとはいえ、乏しい言語能力ではいいたいこともいえずストレスが溜まるだろうと、アルバートさんとは英語で話し、他の人たちとはベンガル語で話すという配慮をしてくれた。そのことによってわたしは、在バングラデシュ日本人コミュニティにほとんどお世話にならずに、バングラデシュ社会で感じた疑問はバングラデシュの人びとに教えてもらうという環境のなかで、当該社会にどっぷり浸かってフィールドワークを進めることができた。人類学者にとって不可欠な「フィールド愛」を築く基盤を与えてくれたアルバートさんには心から感謝している。

村での調査ではBDPのジャマルプール地区責任者モクレス・ラーマンさんにずい分とお世話になった。またBDPモホンプール学校のグルシャナラ先生をはじめとする先生方や村の人びとも、本当に暖かく受け入れてくれた。国際援助に頼るNGOにとって、外部者がずかずかと入り込み、根掘り葉掘りと質問することは最初は心地よくなかったかもしれないが、嫌な顔を一切せず、学校では一人の生徒として、また家族、村の一員として受け入れてくれたことは、わたしが人類学を続けていきたいと思う何よりの理由となった。滞在先も、モクレスさんの奥さん（当初はまだ結婚していなかったが）の実家を紹介してもらった。アジズ一家は父母、伯父伯母、七人きょうだいの大家族で、わたしを本当の娘きょうだいのように受け入れてくれた。

二〇〇〇年の調査中に一〇年ぶりに出稼ぎ先ギリシャから帰ってきた長男が建てた、当時にして村一番の大きな家に、わたしの一部屋を設けてくれた。当時は長男と長女以外は未婚で賑やかだったアジズ家も、今では皆仕事や婚出で家を出て、老夫婦と二男一家のみとなったが、今でも村に帰るとわたしはその部屋で寝泊まりし、きょうだいたちが会いに里帰りしてきてくれる。

そして何よりわたしの研究の要を成す存在は、子どもたちとの出会いである。その詳細は本文で描いているが、彼ら彼女らとの出会いこそが「バングラデシュ」の理由である。初めてバングラデシュに足を運んだ学部生のときの関心は、学校で学ぶことの意味（日本で当然のものとして学校に通っていたわたしにとっては考えることさえなかった意味）であった。彼らの生活世界を知れば知るほど、その関心は、彼らが「教育第一世代」であることへと発展した。一見牧歌的な彼らの子ども時代も実は大きな世代間格差を含んでおり、その経験は、彼らが成長するにつれて大きく社会に影響をもたらし得るものであることを実感する。最初は無作為に目を向けた「子ども」への視点であったが、その社会的存在の意味を読み取り、彼らの経験を追っていくことでみえてくる当該社会の劇的な変化、ひいては現代社会の社会変容を再考することにも通じる視点を彼らが発していると思えるようになった。「教育第一世代」に関する通文化的な研究はあまり例をみないが、都市化と同様に、その世代が担う文化創造に目をやることは、教育の制度論に加えて意味あるものと考えている。そして、すでに学校教育が当然のものとして浸透している先進諸国において、今社会が直面する子ども教育をめぐる諸問題をその基盤から見直すうえで、「子ども域」が何かしらの議論を提示するものと思っている。

本書の出版に際しては、桃山学院大学二〇一四年度学術出版助成を受けた。また、昭和堂の鈴木了市さんには、出版助成申請から数えて足かけ三年間、大変お世話になった。「なぜバングラデシュなのか」「なぜ子どもなのか」という本書のネックを理解してくださり、本書の中身だけでなく、長年のご経験と知見から人類学研究の意義についても時間を割いて議論を交わしてくださった。そのなかで本書出版の意味をもう一度考えながら書き直し作業を進めることができたことに、感謝している。本書にＤＶＤを付けて出版したいというわがままにも快く対処してくださった。趣向を凝らした扉写真のアイデアを提示してくださったのも鈴木さんである。

最後に、思えば本書においてバングラデシュの豊かな子ども域に関心を持てたのは、わたし自身が、家族親戚関係が濃厚で、都会の下町でありながら学校を中心とした地域社会が比較的機能しているなかで育ったからかもしれない。そうした豊かな子ども期を与えてくれ、そして長い長い学生時代をも「仕方がない」と許してくれた両親に、この場を借りて心から感謝の意を表したい。

二〇一四年九月ダッカにて

南出　和余

索　引

欧文

あ行

か行

さ行

た行

な行

は行

ま行

や行

ら行

わ行

参考文献

日本語文献

青柳まち子
1977 『「遊び」の文化人類学』講談社.
アリエス，フィリップ
1960（1980）『「子供」の誕生―アンシァン・レジーム期の子供と家族生活―』杉山光信、杉山恵美子訳　みすず書房.
石川栄吉　他編著
1994 『文化人類学事典』弘文堂.
伊藤俊治、港　千尋　編
1999 『映像人類学の冒険』せりか書房.
岩田慶治　編著
1985 『子ども文化の原像―文化人類学的視点から―』日本放送出版会.
ウィルス，ポール
1996（2001）『ハマータウンの野郎ども』熊沢誠、山田潤訳　筑摩書房.
臼田雅之　他編著
1993a『もっと知りたいインドⅡ』弘文堂.
1993b『もっと知りたいバングラデシュ』弘文堂.
大森康宏　編著
2000 『映像文化（20 世紀における諸民族文化の伝統と変容 2)』ドメス出版.
2000 『進化する映像―影絵からマルチメディアへの民族学』千里文化財団.
押川文子
2000 「学校と階層形成―デリーを事例に―」古賀正則他編『現代インドの展望』岩波書店 pp. 125-148.
海田能宏　編
1990 『バングラデシュの農業と農村―農村発展のための共同研究―』東京大学東南アジア研究センター.
カイヨワ，R.
1970 『遊びと人間』清水、霧雨訳　岩波書店.

川浦康至
1990 「ライフスタイルと社会化」斎藤耕二、菊池章夫編著『社会化の心理学ハンドブック』pp.153-166.
川勝泰介
2004 「こども社会研究の可能性 1. 児童文化研究の立場から」『こども社会研究』10：5-10.
菊地章夫
1990 「社会化の問題」斎藤耕二、菊池章夫編著『社会化の心理学ハンドブック』pp.1-14.
1990 「社会化の民俗学」斎藤耕二、菊地章夫編著『社会化の心理学ハンドブック』pp.381-398.
金 基淑
2000 『アザーンとほら貝―インド・ベンガル地方の絵語り師の宗教と生活戦略―』明石書店.
清矢良崇
1994 『人間形成のエスノメソドロジー――社会化過程の理論と実証―』東洋館出版社.
小林 登 他編
1986 『新しい子ども学―第3巻子どもとは―』海鳴社.
斎藤耕二、菊池章夫 編著
1990 『社会化の心理学ハンドブック―人間形成と社会と文化―』川島書店.
シュベル，マレク
1992（1999）『割礼の歴史―10億人の包皮切除―』盛弘仁、盛恵子訳 明石書店.
柴山真琴
2006 『子どもエスノグラフィー入門―技法の基礎から活用まで』新曜社.
スチュアート，ヘンリ、岸上伸啓
1986 「遊びに関する研究の基礎理論（その1）―伝統エスキモー社会の遊び研究への序説―」『史観』115：47-59.
1987 「遊びに関する研究の基礎理論（その2）―伝統エスキモー社会の遊び研究への序説―」『史観』117：14-27.
高田峰夫
1991 「『農民社会』・『農民』・農業外労働―バングラデシュの職業構造の事例から―」『民族学研究』56(1)：20-43.
1998a 「ムスリムである／ムスリムになる―バングラデシュにおけるアイデンティ

ティーの表出・確認・(再) 創造—」『広島修大論集』38(2)：441-491.
1998b 「バングラデシュ・ムスリムにおける年齢区分と性—素描の試みとして—」、清水浩昭他編『性と年齢の人類学』岩田書院 pp.267-287.
2000 「バングラデシュの教育事情—子どもたちをめぐる光と影」『遡河』11：8-16.
2006 『バングラデシュ民衆社会のムスリム意識の変動—デシュとイスラーム—』 明石書店.

田辺繁治
2003 『生き方の人類学—実践とは何か—』講談社.

塘利枝子 編著
2005 『アジアの教科書にみる子ども』ナカニシヤ出版.

豊田英夫
2003 「多様な収入で守る生活」大橋正明、村山真弓編『バングラデシュを知るための60章』明石書店 pp. 166-171.

西川麦子
1993 「バングラデシュ農村における一方的贈与と社会関係—タンガイル県、M村のムスリム集落の事例より—」『国立民族学博物館研究報告』18(4)：649-695.

原 忠彦
1969a「東パキスタン・チッタゴン地区モスレム村落における職業と価値観」『東南アジア研究』7(1)：58-75.
1969b「東パキスタン・チッタゴン地区モスレム村落における Paribar」『民族学研究』34(3)：252-273.
1979 「イスラム圏における教育の事例—バングラデシュと北ナイジェリア—」『アジア・アフリカ言語文化研究』17：117-138.
1986 「イスラーム教徒社会の子ども」小林登他編『新しい子ども学』pp.311-368.

原 ひろ子
1979 『子どもの文化人類学』晶文社.
1989 『ヘヤー・インディアンとその世界』平凡社.

原 ひろ子、我妻 洋
1974 『しつけ』弘文堂.

パーソンズ, タルコット
1951 (1979) 『現代社会学大系14 社会体系論』佐藤勉訳 青木書店.

ピアジェ, J.
1967 『遊びの心理学』大伴茂訳 黎明書房.

ファン・ヘネップ，アルノルト
1909（1995）『通過儀礼』綾部恒雄、綾部裕子訳　弘文堂.
藤本浩之輔　他
1996『子どものコスモロジー―教育人類学と子ども文化―』人文書院.
ブルデュー，ピエール
1988『実践感覚 1』今村仁司、港道隆訳　みすず書房.
ベネディクト，ルース
1973『文化の型』米山俊直訳　社会思想社.
ホイジンガ，J.
1973『ホモ・ルーデンス』高橋英夫訳　中央公論社.
ホワイティング，B.、ホワイティング，J.
1978『六つの文化の子供たち―心理・文化的分析―』誠信書房.
本田和子
1982『異文化としての子ども』紀伊國屋書店.
1983『子どもの領野から』人文書院.
2000『子ども 100 年のエポック―「児童の世紀」から「子どもの権利条約」まで―』フレーベル館.
松澤員子、南出和余
2002「文化人類学における子ども研究」『子ども社会研究』8：137-142.
ミード，マーガレット
1976『サモアの思春期』畑中幸子、山本真鳥訳　蒼樹書房.
南出和余
2003a「開発過程における教育の受容―バングラデシュ農村社会を事例にして―」『子ども社会研究』9：73-88.
2003b「バングラデシュ初等教育の歴史」『遡河』14：39-55.
2003c「開発に生きる女性のライフヒストリー―バングラデシュ村落社会にて―」『ボランティア学研究』4：99-117.
2005「サリーで花嫁さんごっこ―バングラデシュ」『月刊みんぱく　特集：暮らしのサリー』29(9)：9.
2006「コミュニケーションを生む朝の食卓」『季刊民族学』118:42.
2008「『ブジナイ』からみる『子ども域』―バングラデシュ農村社会における『子ども』の日常―」『南アジア研究』20：53-76.
2009「バングラデシュ農村社会における遊び集団の機能」『子ども社会研究』15：

175-200.

2010a「選択としての学校」(テーマ別発表報告「変動する社会と『教育の時代』」)『南アジア研究』22：90-99.

2010b「結婚前後の女性の学歴形成—バングラデシュ農村の社会変容を背景に—」『多民族社会における宗教と文化（宮城学院女子大学キリスト教文化研究所)』14:13-36.

2011 「葛藤しない子どもたち—教育第一世代という社会変容のなかで—」『子ども社会研究』17:47-54.

近刊 「バングラデシュの昔話と家族—『おはなし』を通して子どもたちに伝えられる家族の姿—」江口一久編著『昔話と家族』ナカニシヤ出版.

箕浦康子

2003 『子供の異文化体験—人格形成過程の心理人類学的研究—（増補改訂版)』新思索社.

村武精一

1994 「社会構造」石川栄吉他編著『文化人類学事典』pp.338-340.

レイヴ，ジーン、ウェンガー，エティエンヌ

1991（1993）『状況に埋め込まれた学習—正統的周辺参加—』佐伯胖訳　産業図書.

山内昌之、大塚和夫　編

1993（1999）『イスラームを学ぶ人のために』世界思想社.

山口昌男　他

1984 『挑発する子どもたち』駸々堂出版.

英語文献

Bangladesh Bureau of Statistics (BBS).

2002 *2000 Statistical Yearbook of Bangladesh.* Dhaka: Government of the People's Republic of Bangladesh.

Bertocci, Peter J., R. D. Stevens, and Alavi, Hamza (eds.)

1976 *Rural Development on Bangladesh and Pakistan.* Honolulu: University Press of Hawaii.

Blanchet, Therese.

1996 *Lost Innocence, Stolen Childhoods.* Dhaka: University Press Limited.

Blueband-Langner, Myra & Korbin, Jill E.

2008 'Challenges and Opportunities in the Anthropology of Childhoods: An Introduction to "Children, Childhoods, and Childhood Studies".' American Anthropologist, 109(2): 241-246.

Bunu, U. A. B. Razia Akter.

1992 *Islam in Bangladesh.* Leiden: E. J. Brill.

Chowdhury, A. Mushtaque R. et. al.

2002 *Renewed Hope Daunting Challenges: State of Primary Education in Bangladesh.* Dhaka: The University Press Limited.

Gaskins, S., Miller, P. & Corsaro, W. A.

1992 'Theoretical and Methodological Perspective in the Interpretive Study of Children.' *New Direction for Child Development*, 58: 5-23.

Hara, Tadahiko.

1991 *Paribar and Kinship in a Moslem Rural Village in East Pakistan.* Tokyo: ILCAA.

Hardman, Charlotte.

2001 'Can there be an Anthropology of Children?' *Childhood* 8(4): 501-517.

Hirschfeld, A. Lawrence.

2002 Why Don't Anthropologists Like children? *American Anthropologist* 104(2): 611-627.

Jalaluddin, A. K. and Chowdhury, A. Mushtaque R. (eds.)

1997 *Getting Started: Universalizing Quality Primary Education in Bangladesh.* Dhaka: The University Press Limited.

Levine, Robert A.

2007 'Ethnographic Studies of Childhood: A Historical Overview.' *American Anthropologist,* 109(2): 247-260.

MacDougall, David.

2006 *The Corporeal Image.* Princeton UP.

Minamide, Kazuyo.

2005 Children Going to Schools: School-Choice in a Bangladeshi Village. [Research Notes] *Journal of the Japanese Association for South Asian Studies.*（『南アジア研究』）17:174-200.

Mohammad Ali, Mohammad and Moniruzzaman, Jahangir Tareque (eds.).

1994 *Bengali-English Dictionary.* Dhaka: Bangla Academy.

Montgomery, Heather.

2009 'Children within Anthropology: Lesson from the Past.' *Childhood in the Past* 2(1): 3-14.

Morton, Helen.

1996 *Becoming Tongan : An Ethnography of Childhood.* Honolulu: University of Hawai'i Press.

Ravallion, Martin and Wodon, Quentin.

2000 Does Child Labour Displace Schooling?: Evidence of Behavioural Responses to An Enrollment Subsidy. *The Economic Journal* 110: C158-C175.

Rohner, Ronald P. and Chaki-Sricar, Manjusri.

1988 *Women and Children in a Bengali Village.* Hanover: University Press of New England.

Seymour, Susan C.

1999 *Women, Family, and Child Care in India: A World in Transition.* NY: Cambridge University Press.

UNICEF

2003 *The State of the World's Children*. Oxford: Oxford University Press.

Unterhalter, Elaine, et. al.

2003 A Fragle Dialogue?: Research and Primary Education Policy Formation in Bangladesh, 1971-2001. *Compare* 33(1), pp. 85-99.

Zillur Rahman Siddiqui (ed.).

1993 *English-Bengali Dictionary*. Dhaka: Bangla Academy.

▩著者紹介

南出和余（みなみで　かずよ）

出身：1975年生、大阪府堺市出身。

学歴：プール学院高等学校卒業、神戸女学院大学文学部英文学科卒業、同大学院人間科学研究科博士前期課程修了、総合研究大学院大学文化科学研究科博士後期課程修了。博士（文学）。

現在：桃山学院大学国際教養学部准教授。

専門：文化人類学、映像人類学。

バングラデシュ農村社会の子どもや若者たちの教育経験やライフコースに着目しながら同社会の変容を追う。

主要著作：論文に「『ブジナイ』からみる『子ども域』―バングラデシュ農村社会における『子ども』の日常」（『南アジア研究』20号、2008年）。著書に『フィールドワークと映像実践―研究のためのビデオ撮影入門』（秋谷直矩との共著、ハーベスト社2013年）。映像作品に『Circumcision in Transition（割礼の変容）』（2005年、36分、本書に改訂版を収録）など。

「子ども域」の人類学――バングラデシュ農村社会の子どもたち――

2014年10月30日　初版第1刷発行

著　者　南出和余

発行者　齊藤万壽子

〒606-8224　京都市左京区北白川京大農学部前
発行所　株式会社　昭和堂
振替口座　01060-5-9347
TEL（075）706-8818／FAX（075）706-8878

印刷　亜細亜印刷

ISBN978-4-8122-1421-3